石經文獻集成

虞萬里 主編

王天然 編著

蜀石經集存

春秋穀梁傳

上海古籍出版社

圖書在版編目(CIP)數據

蜀石經集存.春秋穀梁傳 / 虞萬里主編;王天然編著. —上海:上海古籍出版社,2023.12
(石經文獻集成)
ISBN 978-7-5732-0913-9

Ⅰ.①蜀… Ⅱ.①虞… ②王… Ⅲ.①碑刻—拓片—中國—春秋時代 Ⅳ.①K877.42

中國國家版本館 CIP 數據核字(2023)第 202153 號

2023 年度國家古籍整理出版專項經費資助項目

2021—2035 年國家古籍工作規劃
重點出版項目“石經文獻集成”系列成果之一

策劃編輯:郭 沖
責任編輯:郭 沖 虞桑玲
美術編輯:嚴克勤
技術編輯:隗婷婷

石經文獻集成
虞萬里 主編
蜀石經集存·春秋穀梁傳
王天然 編著

上海古籍出版社出版發行
(上海市閔行區號景路 159 弄 1-5 號 A 座 5F 郵政編碼 201101)
(1) 網址:www.guji.com.cn
(2) E-mail:guji1@guji.com.cn
(3) 易文網網址:www.ewen.co

上海雅昌藝術印刷有限公司印刷

開本 787×1092 1/8 印張 34 插頁 4 字數 54,000
2023 年 12 月第 1 版 2023 年 12 月第 1 次印刷
ISBN 978-7-5732-0913-9/B·1351
定價:690.00 元
如有質量問題,請與承印公司聯繫

目録

出版説明

蜀石經的鐫刻肇始於後蜀廣政年間，時代由後蜀延續至宋，在七朝石經之中，不僅是唯一的經注本，且字數最多，規模最大，刊時最長。其碑石在宋代以後開始湮没，至明清僅有拓本流傳，已屬罕見。乾嘉以後，出現了多家摹本和影刊本，成爲學者校勘考據所依據的主要版本。民國初年，劉體乾致力於收集蜀石經拓本，得《春秋》三傳、《周禮》四經殘拓，並加以影印。

現存蜀石經主要由三部分構成：（一）國家圖書館藏劉體乾舊藏殘拓：今存《春秋經傳集解》卷十五襄公十年至十五年全卷，卷二十昭公二年；《春秋公羊傳》卷二桓公六年至十五年；《春秋穀梁傳》卷六文公元年，卷八、卷九成公元年、二年，襄公二十六年、二十七年，卷九襄公十八年、十九年；《周禮》卷九、卷十兩卷，卷十二《考工記》。（二）上海圖書館藏黄丕烈舊藏《毛詩》殘拓：起卷一《召南·鵲巢》，訖卷二《邶風·二子乘舟》尾。（三）近代成都出土的殘石：《周易》之《履》《泰》《否》《中孚》；《尚書》之《禹貢》《説命》《君奭》；《毛詩》之《周頌》《魯頌》，以上藏四川博物院；《儀禮》之《特牲饋食禮》，現藏中國國家博物館。另有《毛詩》之《鄭風》《曹風》殘石拓片存世。重庆中國三峽博物館藏有以上新出土殘石拓片。

原石毁没，拓本稀見，蜀石經一直是歷代儒家石經研究中相對薄弱的環節。國圖所藏部分雖在民國上圖藏《毛詩》殘拓和近現代新出殘石拓本均從未出版。國圖所藏部分雖在民國便已影印，但時至今日也不經見；而且該本爲黑白影印，囿於當時的攝影製版技術水準，原件上的諸多藏印、批點、殘字和細微筆畫等細節無法有效呈現；國圖、上圖所藏蜀石經殘拓皆爲國家一級文物，學者即使親臨訪書也很難調閱。本項目《蜀石經集存》，在虞萬里、王天然二位先生的主持指導下，經國圖、上圖、重博授權，對於現存蜀石經殘拓進行全面系統彙編影印出版：

一、採用高清全彩印製，最大程度地呈現原拓原貌。

二、國圖、上圖所藏拓本，均原大影印。受開本限制，重博所藏拓片大小略作調整：《周易·履》《泰》《否》殘拓縮放比例爲98%；《尚書·説命》《君奭》殘石兩面拓於一紙，周圍有大量題跋文字，除兩面各自之原大圖版之外，亦收録整幅圖版以存全貌，縮放比例爲58%；《毛詩·鄭風》《曹風》及《毛詩·周頌》《魯頌》殘拓，除殘拓之原大圖版之外，亦收録整幅圖版以見全貌，縮放比例分别爲58%及70%；其餘殘石拓片圖版均爲原大。

三、國圖藏本現裝爲七册，即《周禮》卷九、卷十《秋官·司寇》與卷十二《冬官·考工記》各一册；《春秋經傳集解》卷十五襄公十年至十五年與卷二十昭公二年各一册；《春秋公羊傳》卷二桓公六年至十五年一册；《春秋穀梁傳》卷六文公元年，卷八、卷九成公元年、二年，襄公二十六年、二十七年，與卷九襄公十八年、十九年各一册。另《陳氏木刻蜀石經》《蜀石經題跋姓氏録》各一册。上圖藏《毛詩》殘拓裝一册。重博拓片均爲散葉。本次出版，按照殘拓内容，同時兼顧流傳收藏歷史和裝幀篇幅，分爲五册，即《周禮》《春秋經傳集解》《春秋穀梁傳》各一册，《毛詩》與近代出土殘石拓片並一册（包含《古文尚書》一塊、《毛詩》重言兩塊拓片），《春秋公羊傳》與《陳氏木刻蜀石經》《蜀石經題跋姓氏録》並一册。

四、原本中無任何信息的白葉，未予影印。原本中夾有簽條、活葉者，則將此開原貌及放置活葉後之形態分别影印。

五、虞萬里、王天然二位先生分别撰有「序言」和「概述」，盡述蜀石經鐫刻背景、經過與流傳，形制特點，文本來源等等。王天然先生亦承擔了殘拓文字之釋録工作。這兩部分内容載於别册，以便讀者與圖版對照取用。

上海古籍出版社

二〇二三年十一月

蜀石經存世目録

- 周易：履卦　泰卦　否卦　中孚卦
- 尚書：禹貢　説命　君奭
- 毛詩：國風（召南　邶風　鄭風　曹風）　周頌　魯頌
- 周禮：秋官司寇　冬官考工記
- 儀禮：特牲饋食禮
- 春秋經傳集解：襄公十年　襄公十一年　襄公十二年　襄公十三年　襄公十四年　襄公十五年　昭公二年
- 春秋公羊傳：桓公六年　桓公七年　桓公八年　桓公九年　桓公十年　桓公十一年　桓公十二年　桓公十三年　桓公十四年　桓公十五年
- 春秋穀梁傳：文公元年　成公元年　成公二年　襄公十八年　襄公十九年　襄公二十六年　襄公二十七年

蜀石經集存序

虞萬里

漢、魏、唐、蜀、北宋、南宋和清代的七朝石經，雖然都以碑石爲載體，但其文本、字體、經傳、碑式，與鐫刻時的標準文本、通行字體、書寫閱讀習慣相應，都有一定的變化，形成各自的特色。孟蜀廣政石經的特點，一是帖式形態的小型碑石，與漢、魏、唐大型碑石不同；二是經傳並刻，以經文大字、注文雙行小字面目呈現，亦與漢、魏、唐石經的單刻經文不同。帖式形態便於椎拓裝訂和翻閱，經傳並刻則便於亟速理解經文。這種石刻形態，並非一蹴而就，它是在充分吸取前代閱讀習慣和文本書寫形態逐漸變化和發展到一定階段的基礎上形成的。回溯前三種石經的形制和與之相應的經學文本形態的變化和發展，可以深刻地理解蜀石經的特點。

熹平石經刊刻時，紙張已經發明，然經典文本的書寫仍處於簡帛階段。簡牘書寫經典起源很早，延續時間却很長。漢末經師鄭玄晚年注釋《三禮》時，所見所取文本仍都是簡牘；與其年代相先後，熹平石經刊刻之偶發起因是有人刮削改寫蘭臺簡牘文字以合私家文本，是其所取所據文本亦爲簡牘，可以互證。現今出土的戰國、秦漢儒家簡牘長度一般多在漢尺一尺（二十三點五釐米），長者達四十多釐米，一簡字數或多或少。漢制規定書寫經典用二尺四寸簡，武威《儀禮》漢簡長度在五十五釐米左右，與漢制相符。漢簡《儀禮》每簡字數由六十多字到一百二十字不等，雖有編線四道，但文字却通欄直下，唯編線處空開不書。推而廣之到所有儒家簡牘，一律直書到底。稍前於《儀禮》簡的馬王堆帛書《周易》等也是通欄直下。從某種視角而言，漢石經是書寫經典標準簡牘形制的直接投射。所以，熹平石經雖高二米有餘，仍是每行七十多字通欄直下，顯示出簡牘時代的常規書寫形態。用二尺四寸簡牘書寫經典，字大而疏者約容六十餘字，小而密者可達一百多字，將之置於當時的几案，允在頭不必上下過大移動而視線可以掃視、閱讀的範圍內。但若將字形放大到八分，翻刻到通高二米多、寬一米許的石碑上，矗立於太學前，碑式整體雖尚屬勻稱，而抄録、摹寫必須擡頭觀頂端之字，下蹲看基石之文，存在一定的不便。這種不便受制於諸多的歷史因素，是時代的局限。

六七十年後曹魏鐫刻三體石經時，紙張是否已普及到可以隨意書寫所有經典，尚不敢斷言。魏武帝曹操和魯肅「手不釋卷」之「卷」，是簡牘、絹帛還是紙張，現也無法指實。但石經以古、篆、隸三種字體書寫經文二十字，形成六十字一行，是殘石呈現的實際形態。溯其成因，碑石高廣與熹平碑式近似，兩種石經並立於太學講堂之前，容易導致思維趨同。因此，無論經典的書寫是否已用紙張，可能都無法改變三體石經直行而下的鐫刻樣式。其有限變化，即一行中字數的多少——漢魏石經每行相差十多字，很可能取決於古文和篆體字形狹長的緣故。漢魏石經的碑式文本，可供士子校覈、摹寫、抄録，却不便於影拓後展讀學習，故《隋志》所載一字石經、三字石經多少卷，似乎已是經剪裁割裱後的卷帙，而具體却很難質指。

紙張的稍稍普及，當在曹操和魯肅之後數十年。左思的長篇巨製《三都賦》寫成之際，皇甫謐作序以高其聲價，文士競相傳抄，造成洛陽紙貴。紙貴須從兩方面看，一是文章高妙，值得抄讀摹寫，於是抄寫者衆；二是西晉時紙張確實還不如後世易製易得。兩晉時書寫紙張的高廣尺寸，當然因地因時因具體情況而無法劃一。現今流傳的敦煌儒家經籍寫卷，有的殘損嚴重，有的不標示尺寸。相對而言，書寫工整的敦煌佛經寫卷大致高度都在二十五釐米上下（波動於二十四至二十七釐米之間），偶有窄至二十釐米，寬至三十釐米者。書寫工整的佛經一般每行多容寫十七字左右，而相對草率的儒家經典如伯二五二九《毛詩故訓傳》，抄寫率爾，每行二十一至二十八字不等。抄得較爲工整的如伯二五三〇《周易注》，則每行基本控制在十五字，也有十三至十四字者。伯二五二三《春秋左氏傳集解》每行十四至十七字不等。所以唐代的寫卷高度和每行容字似當以佛經經卷爲基準。高度不超過三十釐米的紙張，是窄於古代書案的寬度，每行以十七字爲基準而稍有上下增減，既是成人手肘上下移動書寫的距離，也與書者目測距離控制限度相應。

唐石經矗立於西安碑林已近一千二百年，今實測其碑高二一〇釐米，文字書寫高度約二〇二釐米。上下分爲八欄，每欄高二三至二三點五釐米，每字高二釐米，寬一點八釐米，字距一釐米。每碑寬度不一，大致在九十一到九十四釐米左右。唐石經處於紙張已經普及、書册制度已經形成的大和（文獻中太和、大和並出，本文一律改爲大和）、開成間，其文本依仿六朝以來盛行的書册和寫卷形態，分層横行，從右至左書刻，應是情理之必然。唐石經碑式清人王昶和魏錫曾等都有過記載。侯金滿經實地考察和深入研究，在前人研究基礎上又有更深的認識，並作出明晰的描述：唐石經整碑分成八欄，每行平均十字，碑式佈局以經典的篇卷爲單位，即每卷（篇）字數以每行十字横書而得出一卷（篇）之總行數，而後將一卷（篇）總行數依整碑所分八欄平分，得出每卷（篇）在整碑所佔行數，從右至左横書鐫刻。每卷（篇）字數多寡不一，故其在上下八欄的碑石上所佔行數也不相同。由於每碑碑石寬度恒定在九十一至九十四釐米左右，一般容三十五到三十七行，最多不超過三十九行，故按照經典篇序依次書寫鐫刻，就會産生某一卷（篇）文字由上一碑横跨到下一碑的情況。又因某些經卷文字過多，因此亦出現横跨兩碑、三碑的現象。他推測這種分層横書跨碑形式，與中古的書册制度有密切關係。[一]從唐石經分層横書的碑式形態，可以推測當時的影拓技術已經成熟，因一經椎拓，即可黏連成旋風裝，極便翻閲研習。當然，這種鐫刻形態與帖式刻石孰先孰後，尚須有更多的實物來證實。蜀石經確是明顯的帖式刻石，儘管它與叢帖的興起與先後關係也需要進一步研究。

據王天然研究，蜀石經「原石書刻部分長約九十釐米，縱高約三十釐米，計入四邊留白則整石約長一米、縱高約半米」，「蜀石經《毛詩》原石一面約容三十七行，大字滿行十四字，小字滿行二十字左右，單排佈局，雙面書刻」。[二] 與唐石經相較，蜀石經縱高三十釐米，每行大字十四字，一字亦在兩釐米左右，可見唐、蜀石經同樣作爲石刻碑版，閱讀、觀賞須有一定距離，故字形大小相仿。但唐石經每行十字，蜀石經每行十四字，殆因唐石經整碑高大，蜀石經碑式相對矮小，閱讀時站立距離須有遠近差別，故行容字數略有多少；且蜀石經還夾有雙行傳注小字，故大字不宜過密過小。這樣推測，是基於與中古寫卷每行十七字比較而得。我們閱讀寫卷距離，一般要近於觀賞碑刻的距離，對象近，視線控制力强，字形不妨略小；對象遠，視線控制力弱，字形必須略大。結合五代北宋版刻而言，每行在二十一二字左右，這是書卷可以隨意湊近閱讀，字形允許更小一些的緣故。如果這種推測有一定道理，則唐、蜀石經字體大小和每行容字多少都是當時策劃者和工匠深思熟慮而定出的碑式。唐石經每欄上下相距僅二釐米左右，而蜀石經則約近十釐米，此則因唐石經整碑要容納八欄，没有多餘的空間；而蜀石經單欄横行，就美觀起見，也須上下留足邊框。

四種石經碑式沿革變化如上，而文本之衍化則更爲複雜。

先秦儒家經典文本，在秦漢之交時，先後由篆文轉寫成隸書，轉寫過程中不免産生誤認或錯寫，流傳過程中更增磨滅與殘泐因素。逮及孔壁和山巖屋壁之六國古文寫本顯世，校覈隸書今文本，可以看出很多因誤認、磨滅和殘泐而造成的錯譌與經師牽强附會的説解，劉歆、班固謂「後世經傳既已乖離，博學者又不思多聞闕疑之義，而務碎義逃難，便詞巧説」，當即指此而言。六國古文固然可以校正今文經本的某些錯譌和臆説，但因其字體奇形多變，難以辨認，同樣帶來很多識讀上的困難，以致經師仍不得不揣度文義，用自己方域中同音和近音來推求與文義相合的古文正字，此一過程就經師主觀層面而言是「漢讀」，從字與字造成對

[一] 侯金滿《唐石經碑式與中古書册制度關係探微》，《文獻》2021年第4期，第32—52頁。

[二] 王天然《蜀石經形制識讀》，《文史》2019年第三輯，第128頁，中華書局，2019年。

應、構成異文的客觀而言則是「通假」。不同的漢讀和通假形成不同的文本，不同的經師爲自己的漢讀文本所作的解説即是不同的師説，經師各以不同的學説傳授，形成漢代的師法和家法，最終導致五經博士的增立。各師法間師説和文本憑藉官學逐漸固定，但在經義上互有歧義甚至相左，在一定程度上妨礙了通經致用的政策和策略施行，於是需要召開石渠閣和白虎觀會議來統一經義。石渠閣和白虎觀兩會雖在某些經義上取得官方的一種傾向性意見，却並未消弭各家文本的異同，所以才會有削改蘭臺簡牘文字之舉。熹平石經選擇七經中一家作爲主要文本，而將同一經的其他家法文本異文經校勘後刊於碑陰，使無論研習哪一家師法的人都有一個可依憑的標準文本。從這個意義上説，熹平石經之刊刻，是漢代今文經本在皇權指導下走向統一的第一步，它是在十四博士和官學外的衆多家法上進一步確立了以申培《魯詩》、梁丘《易》、歐陽《尚書》、大戴《禮》、嚴彭祖《春秋公羊》爲主的今文本系統。可惜的是，隨著劉漢與曹魏政權的興替，經學也由今文經轉向古文經。剛刊立不久的熹平石經轉眼成爲明日黄花，被三體石經替代。三體石經以古文、篆文和隸書三種文字刊刻，其古文的來源一直有争論，其實，不僅古文的來源需要檢討，連篆文和隸書文本的選取也必須追溯，它是古文本的篆隸對應轉寫，還是另有一種用篆隸書寫的古文經文本的配合？只是出土殘石有限，暫時無法比較研討。但有一點可以確定，曹魏既然刊立古文經，必然是依據當時官學經師公認的、有目共睹的古文經文本。

今古文經學的興替，導致今文經文本的逐漸散佚甚至失傳。但儘管文本先後散佚、失傳，其文本中的某些語詞、文字仍會被無意混入或有意替代到通行的古文經文本中。因爲魏晉以後雖然古文經盛行，但今、古文經的對立已泯滅消解。紙張的漸行普及，原來裹糧從師的讀書形式也相對改變，除在官學中求學，個人也可通過日益普及的傳抄文本獨自學習。無論是國學師受還是個人研讀，經師和學生都可能根據所能見到的今古文經本選擇適合於自己對經典理解的文字作解，這並非是篡改經文，而是改有所本，即有前代經師文本依據。作出這種判斷的證據是，《毛詩》在東漢中後期開始盛行，字形由隸轉楷，至兩晉以後幾乎獨行天下。隋唐間陸德明《經典釋文》收録《毛詩》音義者十七家，録存近一千組異文。這些異文除楷書點畫之異外，有用毛傳傳文替代而産生的異文，有用鄭箋文替代而産生的異文，也有用王肅注文替代而産生的異文，有的異文竟和《韓詩》相同，證明擇取三家《詩》文字入《毛詩》之情況確實存在。顔之推《書證》篇列舉河北本、江南本、江南舊本、俗本，以及《釋文》和《五經正義》所舉官本、定本等異同，可以想見民間隨手所抄，信手而改，不斷産生異本，而官方則不斷校勘，努力規範，冀望形成統一文本的歷史境況。進入唐代，顔師古有《定本》，孔穎達有《正義》本。但孔氏《正義》單行，不與所疏文本合一，故《正義》仍然無法規整官本和民間文本。開元、乾元、貞元三朝都曾校勘經典，大曆間張參校勘後書於國子監講論堂東西廂，寶曆時齊皞、韋公肅再校而書於木版，至鄭覃於大和初年重新校勘，而後書丹刻成開成石經。鄭覃所校，其取捨不必一定符合漢魏經師文本，但應是代表唐代官方校勘的，從顔、孔之後，歷經張參、齊皞、韋公肅已還的「定本」。這個定本的經文在大和及大和以前寫本散佚殆盡的前提下，無疑成爲嚴可均所説的「古本之終，今本之祖」。

唐石經作爲「古本之終」略如前説，其作爲「今本之祖」，首先要辨析的就是後唐長興年間由馮道、李愚發起刊刻的九經印版——北宋的國子監版的藍本，與孟蜀刊刻的廣政石經之關係，以及兩者的祖本問題。因爲長興九經印版刊刻時間在前，廣政石經的鐫刻過程在後，從有竣工記載的廣政七年（944）一直到北宋末年方始刻成。所以一般論蜀石經者，多先述長興刻本刊刻過程，接敘蜀石經的刊刻，給人的印象是，蜀石經是依據長興刊本而刻。此當略予辨證。

刊版九經始刻於長興三年（932），據《册府元龜》和《五代會要》所記，它的經文是以「西京石經本」——「今本之祖」的唐石經爲底本，注文則是請研習專經的博士儒徒將寫本上的注文勾稽移置到相應的經文下。其注文文本來源史書缺載。長興版九經中《周禮》刊成於後周廣順三年（953），所附刻的《九經字樣》刊成於後晉開運三年(946)，可知前後長達二十餘年。蜀石經係蜀相毋昭裔捐俸金所刻，其所據文本，曾宏父《石刻鋪敘》「孝經一册二卷」下記云：「孟蜀廣政七年三月二日右僕射毋昭裔以雍京石本校勘。」所謂「雍京石本」，當然是開成石經，以開成石經作爲校勘本，可見原本與長興版取開成石經經文雕版者不同。長興版是開成石經原文，而蜀石經僅是以開成石經校勘。開成石經是鄭覃在大和本基礎上校勘後上石鐫刻，蜀石經無論取何種寫本爲底本，其在取開成石經拓本校勘過程必有去取，兩者不會完全相同，這或許就是晁公武校勘後有三百二科之異的緣故。

蜀石經經文與長興版來源略異，已可證兩者無承襲關係。若再從政治和地理上考慮，五代割據的政治形勢，各自爲政，且從後唐的洛陽到孟蜀的成都，相去遥遥一千多公里，不可能洛陽刻成一經，傳送到成都再翻版上石。當然，從時間上看，長興雕版在前，廣政刻石在後，蜀石經鐫刻經傳受到長興刊版的影響不無可能。毋昭裔年輕時借《文選》遭受白眼，其刊刻《文選》《白帖》之類亦在情理中，而捐資刊刻九經經傳這種浩大工程，很可能是長興刊版的消息在十多年中傳到了成都。筆者曾經這樣思考，蜀石經最先刻成的是《孝經》《論語》《爾雅》三經，時在廣政七年三月至七月。此三書是蒙學必讀，符合毋昭裔發願讓天下讀書人有書讀的初衷，也與刊刻《文選》《白帖》相應。其《周易》刻成於廣政十四年，前此數年長興版《九經字樣》刻成，馮道、李愚的九經計劃已昭然若揭，若消息傳到成都，自會激起毋昭裔更大的宏願，索性將三經外其他諸經一併續刻以成一功，此雖屬推測，却不無可能。

無論蜀石經之鐫刻是否受到長興刊本的影響，所要確定的是，蜀石經的注文從何處得來。回溯唐石經及其前身，張參校勘九經書於泥壁，齊皞、韋公肅校勘書於木板，都只是經文，無注文。但從陸德明《經典釋文》所載分析，六朝到唐初，廣泛流傳的儒家經典多已是漢魏經師傳注合一之本。敦煌殘卷所出，亦以經傳、經注合一本爲多，偶有單經本，大多爲民間讀書人抄書自用。再就孔穎達、賈公彦等所作《正義》分析，既解經文，亦解傳注，顯示出六朝「義疏」體盛行之後，經典與漢魏經師的傳注常態下已不再分開。所以，唐石經雖只鐫刻經文，其每經大題下仍注明漢魏經師的姓名，如《易》「王弼注」「韓康伯注」、《書》「孔傳」、《詩》「鄭氏箋」、《周禮》《儀禮》「鄭氏注」。《禮記》雖將《御删定禮記月令》置第一，題「集賢院學士尚書左僕射兼右相吏部尚書修國史上柱國晉國公林甫等奉勑注」，而《曲禮》以下仍標「鄭氏注」，説明由張參到鄭覃所校勘的九經也是經傳合注本，只是鐫刻石經時，取經文書丹上石。由此可證張參、齊皞和鄭覃校本都是一脈相承的經傳合一本，亦即大和寫本必定是經傳合一本。唐石經刊成於開成二年(837)，下距朱温移易唐祚尚有六七十年之久。儘管文宗之後唐朝一直在走向衰敗，但舉世矚目的大工程石經刊成後拓本頒布各地自在情理之中。至於張參、齊皞、鄭覃在相繼校勘寫本時，是否對傳注文字進行校勘，或雖校勘而不經意，今難以推測。但經他們校勘後的大和寫本在此後的數十年中會傳播開來，至少各路藩鎮和地方政府能夠獲得的機率很大，當然在傳抄過程中也不免走樣。退一步言，即使地處西南邊陲的成都當時未獲得大和經傳寫本，爲了鐫刻石經工程，從各種渠道去尋覓，也在情理之中。成都離長安近而離洛陽遠，所以從民間渠道獲得可能要比官方交涉更簡捷。

當然，經傳合一本既從隋唐以來都已傳遍各地，偏西的成都地區原來就有也完全可能。但北宋趙抃於治平元年(1064)出知成都，作《成都記》，謂毋昭裔「依大和舊本令張德釗書」，紹興年間的席益作《府學石經堂圖籍記》，説毋昭裔是「按雍都舊本九經」，趙氏、席氏都親見蜀石經，深知蜀石經爲經傳合一本，「雍京石本」是不附傳注的經文本，如果趙氏「大和舊本」、席氏「雍都舊本」僅指不附經文的「雍京石本」，至少詞義上無法包容毋昭裔所刻的經傳合編的蜀石經。又因由長興本經補刻、翻刻的北宋國子監本是來源於雍京石本即唐石經，是宋人的一種常識，所以趙、席兩人都用一「舊」字，點明毋氏所用是大和寫本而不是石本，大和舊本、雍都舊本是經注合一寫本，而不是只有經文的「雍京石本」。晁公武説「蜀人之立石」，「而能盡用大和本，固已可嘉」。晁氏親與石經之事，固是明白人，他不用「雍京石本」或「石經」一詞，而用「大和本」，假如他的大和本是指石經本，與長興本所據相同，毋氏的舉措也就不那麽「可嘉」了。王應麟也説：「僞蜀相毋昭裔取唐大和本琢石於成都學官，與後唐板本不無小異。」王氏後文即舉晁公武《石經考異》三百二科和張㚟 的《石經注文考異》四十卷。在近五十餘萬字中有二百三十個異文，只能是「小異」，而注文的異文可以達四十卷之多，真的「不無小異」。可見王應麟説毋昭裔所取的「大和本」確實是指經傳、經注合一的大和舊寫本，即趙氏、席氏之「大和舊本」和「雍都舊本」，亦即由張參到鄭覃一脈相承的校本。毋氏取大和舊本，校以「雍京石本」，或改或不改，所以和完全取開成石經爲底本的長興雕版本有差異。如果毋昭裔直接取開成石經經文上石，曾宏父就不可能記其「以雍京石本校勘」，晁公武明知其用開成石經經文，則與長興監本所取相同，再組織人員去校勘兩者異同，儘管也有意義，但意義似乎不大，因爲校出的異同也就是兩者在摹寫上石刊刻過程中與唐石經的差異，且無法判定是非。再進一步追究，晁氏之時，唐石經的拓本取用方便，他何以不直接取唐石經拓本去校蜀石經和長興監本，以直接顯示兩者與唐石經的異同是非？其之所以要以蜀石經校長興版，正因爲蜀石經用大和舊寫本，是唐石經的母本，可以追溯雍京石本以前的文字樣貌。所以雍都舊本九經、大和本，都是指鄭覃據以校勘上石的大和舊寫本。

由上所述，蜀石經是毋昭裔取大和時經傳合一的寫本，校以開成石經經文，爲避免開成石經分欄跨碑寫刻的紛亂，采取了單欄帖式的形態刊刻。但由於没有成立一個機構有序的專門管理，校勘、書寫不精，以致頗多紕繆。

蜀石經單欄横書，經傳兼刻，所以累累千餘石，宋代曾爲專闢石經室以儲。晁公武之後，曾宏父、趙希弁都曾專門述及。及入元之袁桷有詩説「草堂舊詠迷陳迹，石室殘經卧落暉」，則元初石經已圮毁堆積，任餘暉斜照而無人顧及，入明而石不見存，並拓本亦希覯。後人對如此體量的蜀石經之亡佚，有過各種推測，錢大昕認爲亡於蒙元破蜀陷城，近代因清乾隆時福康安修城，掘城址曾獲殘石，二十世紀三十年代在拆除城垣時又發現殘石若干，故馬衡認爲是修築城垣時以爲石料。王天然認爲修築城墻發掘所得殘石數量過少，與成千塊碑石差距太大，指出應考察兩宋成都府學的舊址，可能曾就地掩埋。筆者認爲三種推測都有可能，並不矛盾。蒙元入主中原，世祖於至元十五年(1278)四月庚辰，曾聽許衡建議，「遣使至杭州等處取在官書籍版刻至京師」。有輕便的版片，就不必去搬運笨重的石片。推想戰亂之際，鐵蹄踐踏，石經被推倒摧毁，累累如石丘，故袁桷能親見其堆卧在斜陽之下。石經既然已經凌亂堆積，無法椎拓利用，而修城需要石料，取而用之，就像北魏馮熙、常伯夫先後爲洛州刺史，毁漢魏石經「以修建浮圖精舍」一樣，上下千載，心理相同。石材始終是修築的基礎材料，築城是利在民衆，取用廢棄的石經更屬理所當然。至於發掘所得太少，或當年築城所取不多，則尋找、探勘成都府學舊址，便成爲研究石經者的一種冀望。

二〇二三年十一月

寫於馬一浮書院

概　述

王天然

蜀石經主要包括三個部分，一爲後蜀廣政七年（944）起蜀相毋昭裔於成都主持鎸石的《孝經》《論語》《爾雅》《周易》《毛詩》《尚書》《儀禮》《禮記》《周禮》《左傳》十種儒家經典[一]，二爲北宋皇祐元年（1049）田況繼續於益州州學主持刻畢的《公羊》《穀梁》二傳[二]，三爲北宋宣和五年（1123）席貢主持鎸刻、六年（1124）終由彭慥完成的《孟子》。南宋乾道六年（1170）晁公武又據吕大防本於成都府學增刻《古文尚書》[三]，然晁刻或出於私好，性質與他經不同[四]，故本書不以此經爲狹義之蜀石經。

一　蜀石經之刊刻與毀佚

（一）刊刻緣起

《舊五代史》卷四三《明宗紀》載：「（長興三年[932]二月）辛未，中書奏：『請依石經文字刻九經印板。』從之。」[五]《册府元龜》卷六〇八載：「後唐宰相馮道、李愚重經學，因言漢時崇儒有三字石經，唐朝亦於國學刊刻。今朝廷日不暇給，無能别有刊立。常見吴蜀之人鬻印板文字，色類絶多，終不及經典。如經典校定，彫摹流行，深益於文教矣。乃奏聞。敕下儒官田敏等考校經注。」[六]由此可知後唐時因朝廷日不暇給，並未鎸刻石經，而是將經籍雕版印行，這便是著名的五代國子監刻本。

北宋張俞《華陽縣學館記》云：「惟孟氏踵有蜀漢，以文爲事。凡草創制度，僭襲唐軌。既而紹漢廟學，遂勒石書九經。」[七]晁公武《石經考異序》亦載：「趙清獻公《成都記》：僞蜀相毋昭裔捐俸金取九經琢石于學宫。」[八]則時至後蜀毋昭裔乃將刊刻石經付諸實行。顧永新先生又據張俞説指出「宋人對於孟蜀文化政策之因襲唐朝是很清楚的」[九]。後蜀刊立石經或有多種因素，但賡續唐制、規範經

[一]《左傳》前十七卷爲孟蜀時刊刻，後十三卷入宋刻畢。

[二] 益州州學即成都府學，此時成都府降爲益州。

[三] 詳見南宋曾宏父《石刻鋪叙》卷上所載。吕本當據唐寫本，詳見南宋史繩祖《學齋佔畢》卷二。以晁刻《古文尚書・禹貢》《多士》殘石存字與薛季宣《書古文訓》對讀，可知二者略同；另晁公武《古文尚書序》所舉「曰若」例，亦爲二者關係密切的佐證。説詳王天然《蜀石經著録疏證（上）》，《經學文獻研究集刊》第 20 輯，上海書店出版社，2018 年，第 71 頁。此前侯金滿先生已指出薛本與晁刻底本相同，因現存晁刻十分有限，暫以二者具有密切關係。請參侯金滿《〈三體石經〉與〈書古文訓〉隸古定文字來源問題初探——以〈尚書・君奭〉經文之比較爲中心》，《經學文獻研究集刊》第 13 輯，上海書店出版社，2015 年；後收入虞萬里主編《七朝石經研究新論》，上海書店出版社，2019 年，第 216—217 頁。

[四] 龐石帚《跋晁刻〈古文尚書〉》云「《筆記》又謂：『荆公《字説》，余生平惟見王瞻叔參政篤好不衰，每相見必談《字説》……其次晁子止侍郎亦好之。』知其被服儒雅，而天性嗜奇，宜乎有古文之刻也」。詳見龐俊著，白敦仁纂輯，王大厚校理《養晴室遺集》，成都：巴蜀書社，2013 年，第 380 頁。晁氏增刻《古文尚書》蓋出於嗜奇好古的趣味，既無法與石經源頭之熹平石經正定經文的動機類比，也不同於廣政、皇祐、宣和蜀地官方刊刻石經。乾道四年（1168）子止以敷文閣待制爲四川安撫制置使兼知成都府；六年三月以公武、王炎不協，罷制置司歸宣撫司；五月則有《古文尚書》之刻；八月即以敷文閣直學士降授左朝請大夫，除淮南東路安撫使兼知揚州。詳見孫猛《郡齋讀書志校證》附録一《晁公武傳略》，上海古籍出版社，1990 年，第 1280、1285、1288 頁。《古文尚書序》又云「因得此古文全編於學官，迺延士張㚟傚吕氏所鏤本書丹刻諸石」，刊刻此經雖利用了成都府學的資源，但仍應視爲晁公武政治失意之時出於私好的個人行爲。

[五]（宋）薛居正等撰《舊五代史》，點校本二十四史修訂本，北京：中華書局，2016 年，第 676 頁。

[六]（宋）王欽若等編《宋本册府元龜》，北京：中華書局，1989 年，第 1873—1874 頁。文中所謂漢「三字石經」，或沿襲范曄《後漢書》誤説。

[七]（宋）袁説友等編，趙曉蘭整理《成都文類》，北京：中華書局，2011 年，第 606—607 頁。文中「九經」之稱乃沿襲唐以來的習慣。

[八] 晁序存於范成大《石經始末記》中，范記載明楊慎《全蜀藝文志》卷三六、曹學佺《蜀中廣記》卷九一。

[九] 顧永新《蜀石經續刻、補刻考》，《儒家典籍與思想研究》第 3 輯，北京大學出版社，2011 年，第 173 頁。

文，應是最爲重要的原因。

（二）刊刻過程

南宋曾宏父《石刻鋪叙》「益郡石經」條載〔一〕：

《孝經》一册二卷。序四百三十九字，正經一千七百九十八字，注二千七百四十八字，孟蜀廣政七年三月二日，右僕射毋昭裔以雍京石本校勘，簡州平泉令張德釗書，鐫工潁川陳德謙。

《論語》三册十卷。序三百七十二字，正經一萬五千九百十三字，注一萬九千四百五十四字，廣政七年四月九日，校、書、鐫姓名皆同《孝經》。

《爾雅》一册二卷。不載經注數目，廣政七年甲辰六月，右僕射毋昭裔置，簡州平泉令張德釗書，鐫者武令昇。

《周易》四册十二卷，又《略例》一卷。正經二萬四千五十二字，注四萬二千七百九十二字。廣政十四年辛亥仲夏刊石，朝議郎國子《毛詩》博士孫逢吉書〔二〕。

《毛詩》八册二十卷。正經四萬一千二十一字，注十萬五千七百一十九字。將仕郎祕書省祕書郎張紹文書，鐫工張延族。

《尚書》四册十三卷。正經二萬六千二百八十六字，注四萬八千九百八十二字。將仕郎祕書省校書郎周德貞書，鐫工陳德超。

《儀禮》八册十七卷。正經五萬二千八百二字，注七萬七千八百九十一字。

《禮記》十册二十卷。正經九萬八千五百四十五字，注十萬六千四十九字。以唐玄宗所删《月令》爲首〔三〕，《曲禮》次之，亦張紹文書。

《周禮》九册十二卷。正經五萬五百八字，注十一萬二千五百九十五字。將仕郎祕書省祕書郎孫朋古書〔四〕。

《春秋左氏傳》二十八册三十卷。序一千六百一十七字，經傳十九萬七千二百六十五字，注十四萬六千九百六十二字。（蜀鐫至十七卷止。）

曾宏父著録較詳，蓋親見成套蜀石經拓本。據此可知《孝經》《論語》《爾雅》刻於廣政七年，《周易》刻於廣政十四年，《毛詩》、《尚書》、三《禮》雖不書年月，亦當刻於廣政間。《左傳》「蜀鐫至十七卷止」，則該經於孟蜀時書寫，並鐫至十七卷，後十三卷入宋刻畢〔五〕。

曾書又云《公羊》《穀梁》「畢工於皇祐元年己丑九月望日，帥臣樞密直學士京兆郡開國侯田況，益州路諸州水陸轉運使曹穎叔，提點益州路刑獄孫長卿暨倅僉皆鐫銜於石」，另外《孟子》「宣和五年九月帥席貢暨運判彭慥方入石，踰年乃成」。則《公》《穀》二傳爲北宋皇祐元年續成，《孟子》爲宣和六年補成明矣。

〔一〕（宋）曾宏父《石刻鋪叙》卷上，國家圖書館藏清董兆元抄本（善本書號：06605）。此處據董抄本録文，並參劉體乾家抄本，詳見《歷代石經研究資料輯刊》第3册，北京圖書館出版社，2005年，第319頁。

〔二〕董抄本「國子」作「國史」，然「史」上又寫「子」字，並有批語曰：「『子』字從《續筆》。」即洪邁《容齋續筆》「周蜀九經」條所云「《周易》者，國子博士孫逢吉書」，詳見（宋）洪邁撰，孔凡禮點校《容齋隨筆》，北京：中華書局，2005年，第395頁。另，趙希弁《讀書附志》亦載《周易》爲「將仕郎守國子助教臣楊鈞、朝議郎守國子《毛詩》博士柱國臣孫逢吉書」，詳見《昭德先生郡齋讀書志》卷五上《附志》，臺北故宫博物院藏宋袁州刻本，第1A頁。今徑改「國史」爲「國子」。

〔三〕董抄本「玄」字避諱闕末筆。

〔四〕董抄本作「孫朋古」。劉抄本作「孫朋吉」，並録翁方綱語曰「《玉海》作孫朋吉，史容山谷詩注作孫朋古」。按，晁公武《石經考異序》、趙希弁《讀書附志》作「朋吉」，「古」「吉」字近，宋人著録參差。因趙希弁當親見蜀石經拓本，且《附志》有宋刻存世，作「朋吉」者或近於事實。然尚屬推測，今不徑改。

〔五〕蜀石經《左傳》卷十八至卷三十雖爲入宋刻畢，但並非宋人續寫鐫石，完成時間亦不會遲至皇祐元年田況刻成《公羊》《穀梁》之時。此事清翁方綱、錢大昕已辨，詳見王天然《蜀石經著録疏證（下）》，《經學文獻研究集刊》第21輯，上海書店出版社，2019年，第22—24頁。

（三）毀佚時間

從蜀石經著録角度觀察，元人已罕有記述。錢大昕《石經左傳殘字》云：「南宋時蜀石經完好無恙，曾宏父、趙希弁輩述之甚詳，而元明儒者絶無一言及之，殆亡於嘉熙、淳祐以後。」[一]錢氏以元明人不言蜀石經，故推測原石亡於南宋理宗嘉熙、淳祐以後，這正是蒙古侵蜀破陷成都的時段，此説頗爲合理。元人羅壽《成都贍學田記》言「成都自丙申蕩于兵，文物泯盡」[二]，袁桷七律《送巨德新四川省郎中》亦有「石室殘經卧落暉」句[三]，或可作爲當時蜀石經原石已經毀棄的旁證。

另外，《華陽縣志》云：「十七年張獻忠入成都，此自漢傳世歷千餘年，石室遂爲灰燼。然以實考之，禮殿畫壁、石室九經或亦有毀於宋元之際者，不盡由獻忠也。獨獻亂之後，則舊基故跡掃地無餘。」[四]似認爲蜀石經的毀佚多少與張獻忠有關，此説需要辨析。明曹學佺《蜀中廣記》卷一載成都府學「諸刻今皆不存，所存者孔門七十二子像，又近時摹宋本」[五]，所記當爲曹氏親睹[六]。據此可知至遲明萬曆時蜀石經已佚，故原石散亡當與明末張獻忠入蜀無涉。

（四）毀佚原因

蜀石經毀佚之由除宋蒙戰争這一推測外，還有修城一説。馬衡《晁公武刻古文尚書殘石跋》云：「乃自晁公武、張㚟之後，闃然無聞，僅知明時有《禮記》數段在合州賓館，清乾隆間福康安修城時，有人於城址得殘石數十片而已。其摧毀之時代及其原因，何以毫無記載耶？抗日戰争初期，余至成都，嘗以此促學術界注意。及成都遭受敵機空襲，疏散市民，拆除城垣缺口多處，以通行人，果得殘石若干片。……然則摧毀原因，或即以修築城垣之故。摧毀之時，或在元代也。」[七]此説因抗戰期間於成都老南門城垣發現蜀石經殘石而起，但原石的毀佚是否即因修築城垣之故，目前所知尚不足以支持此説[八]。蓋毀於宋蒙戰争爲一事，毀棄之後部分殘石用爲城墻填充物又爲一事。蜀石經原石主體毀佚於宋蒙戰争，可能仍是目前最爲合理的解釋。

二　蜀石經之孑遺

蜀石經原石毀佚較早，拓本存世甚罕。目前已知蜀石經孑遺，主要由上海圖書館所藏《毛詩》殘拓，國家圖書館所藏《周禮》、《春秋》三傳殘拓，近代成都出土殘石及其拓片三部分構成。殘石出土時多爲私人收藏，後或歸公藏，或再度湮没，今四川博物院藏有《周易》《尚書》《毛詩》殘石五塊，中國國家博物館藏有

[一]（清）錢大昕撰，祝竹點校《潛研堂金石文跋尾》，《嘉定錢大昕全集（增訂本）》第6册，南京：鳳凰出版社，2016年，第269頁。

[二]（明）楊慎編《全蜀藝文志》卷三六，國家圖書館藏明萬曆刻本（善本書號：02960），第31B頁。

[三]（元）袁桷著，李軍、施賢明、張欣校點《袁桷集》，長春：吉林文史出版社，2010年，第152頁。

[四]《華陽縣志》卷二九，國家圖書館藏民國二十三年（1934）刻本（索書號：地280.19/42），第68B—69A頁。

[五]（明）曹學佺《蜀中廣記》，國家圖書館藏明刻本（善本書號：02247），第9B—10A頁。

[六]曹學佺萬曆中任四川右參政、按察使。詳見（清）張廷玉等撰《明史》卷二八八，北京：中華書局，1974年，第7400頁。

[七]馬衡《凡將齋金石叢稿》，北京：中華書局，1977年，第260頁。

[八]宋人晁公武曾親見蜀石經原石云「其石千數」，據蜀石經形制初步復原結果判斷，晁説並非修辭性的表述。説詳王天然《蜀石經形制謭識》，《文史》2019年第3輯，第128頁。若因修城毀石，南門城垣附近所出殘石數量過少，尚難支撑此説。而南門城垣，可能也並非蜀石經原石湮没的唯一地點。近年考古發現及圖像史料提供的證據，都提示我們庋藏蜀石經的兩宋成都府學位置後來當有遷移，更多殘石存在就地掩埋於南宋府學遺址的可能性。未來發現蜀石經原石的區域，除城垣遺址外，天府廣場一帶亦具可能。説詳王天然《兩宋以來的蜀石經研究》，《中國史學》第29卷，京都：朋友書店，2019年，第76—77頁。

《儀禮》殘石一塊[一]。另有不見原石之殘拓若干，分藏於公私。今重慶中國三峽博物館所藏拓片，去除重複後凡十三葉，内容涵蓋了全部見於著録的蜀石經殘石。

（一）上海圖書館所藏殘拓

1. 拓本描述

上海圖書館所藏《毛詩》殘拓一册，面板高 37.8 釐米、寬 19.5 釐米，帖芯高 30.3 釐米、寬 14.6 釐米[二]，起自卷一《召南・鵲巢》鄭箋「爵位，故以興焉」，終於卷二《邶風・二子乘舟》尾。拓本最外一層裝具爲藍布書衣，内配楠木書匣，書匣爲側開，正面刻「蜀石經毛詩殘碑　士禮居藏　一册全函」，並有墨筆字跡「乙號中」。拓本錦質面板上有題簽作「蜀石經毛詩殘本　嘉慶十年(1805)七月嘉定錢坫獲觀并題」，後鈐「獻之」朱文方印。此本凡五十一開，第一開置道光二十八年(1848)五月戴熙題記，此兩葉題記爲活葉；第二開爲道光二十八年三月葉志詵題識；第三開爲「藏經箋」副葉，其中似有「反印」痕跡，即文字之水平鏡像，惜不清晰[三]；第四開至第四十四開爲殘拓，共占四十一開，末開左半無字，殘拓實存四十開半；第四十五開至第四十七開爲嘉慶九年(1804)四月李福過録厲鶚、丁敬、趙昱詩及全祖望跋；第四十八開至第四十九開爲嘉慶九年四月黄丕烈題識；第五十開右半爲錢大昕致黄丕烈書札一通，左半爲黄丕烈題詩一首；第五十一開爲黄丕烈嘉慶九年十一月題識。

據黄丕烈嘉慶九年四月題識可知，此册初歸黄氏時猶爲舊裝，覆背俱宋紙，四圍亦用宋皂紙副之，但因蠹蝕破損不得已而重裝，今日所見拓本形態及配套書匣即蕘圃收藏時形成。殘拓每半開皆有朱筆數字即拓本葉號，始「卅一」終「百十一」，葉號中「百」字的寫法頗具特色，作「乛」形。卅二、卅六、卅九、四三、四七、四九、五三、五六、六六、六七、六八、七〇、七一、七五、七六、七七、七九、八一、八二、八三、八八、八九、九三、百一、百三、百六、百八、百九諸葉中有朱筆卜煞符號，另殘拓中間有朱點、黄圈等符號以及朱筆改字，皆爲古人校讀痕跡。

殘拓中還遺有數字之刻字。如葉卅七 221 行小字「以」上端尚存刻字「八」，蓋「六」之殘形；222 行大字「之」上端尚存刻字「乚」，蓋「七」之殘形。葉五〇小字「禂」上端似有刻字「九」。葉五六 333 行小字「色」上端尚存刻字「丅」，蓋「十」之殘形。葉六八 407 行小字「初」上端尚存刻字「丅」，該字後似有「一」，蓋「十一」之殘形。葉六九 409 行大字「土」上端尚存刻字「⺊二」，蓋「十二」之殘形。葉七四 444 行小字「兵」上端尚存刻字「十二」。葉八一 482 行大字「不」上端尚存刻字「四」，蓋「十四」之殘形。葉八七 519 行小字「當」上端尚存刻字「ㄩ」，大字前「我」右側尚存刻字「十ヨ」，蓋皆「十五」之殘形。葉九三 556 行小字「爲」上端尚存刻字「六」，小字「不來」右側亦存刻字殘筆，蓋皆「十六」之殘形。葉九九 592 行大字「犨」上端尚存刻字「六」，蓋「十六」之殘形。葉百五 630 行小字後「止」上端尚存刻字「十八」。這些數字當爲原石編號，乃製作拓本時未被裁去者，是考察蜀石經形制的重要綫索。此外，帖芯内部非左右、中間邊緣之剪裱拼接痕跡，也可爲推斷原石形制提供依據。

[一] 近代所出殘石中還有《古文尚書》殘石一塊(現藏四川博物院)、《毛詩》重言殘石兩塊(現藏地不明)，前人或將《古文尚書》歸爲蜀石經，或疑《毛詩》重言殘石即南宋張㚟所撰《石經注文考異》。本書既不以前者爲狹義之蜀石經，理由已見上文；也不以後者爲《石經注文考異》，原因詳見書内録文部分説明。

[二] 《毛詩》原拓請本書責任編輯郭沖、虞桑玲二位老師代檢，測量使用軟尺，帖芯據殘拓首開右半葉實測。

[三] 陳鱣嘉慶九年十二月爲吴騫《蜀石經毛詩攷異》題記云「今歸吴中黄君紹甫，裝以藏經箋，函以香柟木」，今日之楠木書匣及「藏經箋」副葉蓋陳氏當日所見者。詳見《歷代石經研究資料輯刊》第 8 册，北京圖書館出版社，2005 年，第 461 頁。

2. 拓本遞藏

清乾隆時《毛詩》殘拓爲錢塘黄樹穀廣仁義學所藏，松石蓋得自京師[一]。乾隆七年(1742)臘月此本曾在杭州趙昱家中，嘗爲厲鶚、丁敬、全祖望等人觀賞[二]。嘉慶九年(1804)四月長洲黄丕烈從浙省購得，歸黄之前此本經烏程劉桐、王専及仁和魏鉽收藏[三]。據張鑑《蜀石經毛詩殘本跋》所云「蜀石經《毛詩》殘本自《鵲巢》首章『之子于歸百兩御之』起，至《邶風・二子乘舟》章止。癸亥冬余還湖州，見於王雪浦處」[四]，則嘉慶八年冬此本在王専處時，已由乾隆七年時的二《南》、《邶風》二卷佚去《周南》及《鵲巢》首。拓中還鈐有汪文琛、汪士鐘藏印，黄丕烈舊藏乃汪氏藝芸書舍主要來源之一，則黄氏之後爲汪氏所有，其後又歸嘉善程文榮。1949年後上海市文物保管委員會徵集自程家，今藏上海圖書館[五]。

（二）國家圖書館所藏殘拓

1. 拓本描述

國家圖書館所藏蜀石經殘拓包括《周禮・秋官》《考工記》、《春秋經傳集解・襄公》《昭公》、《春秋公羊經傳解詁・桓公》[六]、《春秋穀梁傳・文公》《成公》《襄公》的部分内容，共計拓本七册。此批殘拓爲廬江劉體乾於1910年至1926年陸續收得，並在1926年影印刊布。其後原拓又歸合肥李氏望雲草堂，最後經祁陽陳澄中入藏北京圖書館(今國家圖書館)。此批拓本内部題端、繪畫、題跋等衍生文獻繁多，現主要圍繞殘拓進行描述，其餘僅在容易産生疑問處加以説明。

(1)《周禮・秋官》拓本一册，殘拓起自卷九《序官・蜡氏》鄭注「月令」，終於卷十《掌客職》鄭注「車秉□」。拓本配有藍布書衣，上繡「宋拓蜀石經周禮弟九弟十」及「蘇陸齋」白文正方印。木質面板上有題簽作「宋拓蜀石經周官禮弟九弟十卷　瞿鴻禨爲健之親家題」，面板、底板皆已開裂。此本凡一百零二開[七]，第十九開左半至第九十四開爲殘拓，共占七十五開半。殘拓每半開皆有朱筆數字即拓本葉號，始「十」終「百五九」[八]，「百」亦寫作「一」。此外，帖芯内部非左右、中間邊緣處間有剪裱拼接痕跡，可爲推斷原石形制提供依據。

[一] 黄丕烈嘉慶九年四月題識云：「趙詩小注以爲出於黄松石，今卷二有朱文楷書鈐記一方，所云『浙江杭州府武林門外廣仁義學』，至今彼都人士猶有能知爲松石所置者。」拓本所附趙昱詩小注云：「此本僅存二《南》、《邶風》，黄山人松石得之燕京老僧。」

[二] 清王昶《後蜀毛詩石經殘本》卷尾按語云：「此本嘗於乾隆壬戌臘月之望從廣仁義學攜至城中，趙氏小山堂主人谷林招集厲樊榭、丁龍泓、全謝山諸人共觀。」詳見《歷代石經研究資料輯刊》第8册，第412頁。而拓本所附李福過録厲鶚詩題「十二月十五日同敬身集谷林南華堂觀蜀廣政石經殘本宋廖瑩中世綵堂刻韓集作」，不言同坐有全氏。李福過録全祖望跋僅言「仁和趙徵士谷林始得其《毛詩》二卷」云云，亦不言與他人共觀。又檢《鮚埼亭集外編》有《跋孟蜀廣政石經》，較拓本所附跋文爲略，但有「偶過趙谷林小山堂，見其蜀本石經《毛詩》」一句，既爲「偶過」，或即一人。詳見朱鑄禹《全祖望集彙校集注》，上海古籍出版社，2000年，第1474頁。故全氏所見之日與厲、丁二人或非一日。

[三] 拓中鈐有「蠹香樓藏」、「王専印」(環讀)、「雪浦珍藏」諸白文方印，爲劉桐、王専藏印。嘉慶九年，烏程范鍇作《劉疏雨舊有訪書圖屬余題句未就今疏雨云亡余復將作楚游爰賦四絶以誌悲感》，有「六朝南宋著珍藏，茅沈姚潘付蠹香」句，其中「蠹香」即指劉桐。詳見(清)范鍇《苕谿漁隱詩稾》卷一，《清代詩文集彙編》第480册，上海古籍出版社，2010年，第214頁。又《南潯鎮志》卷一三載，同時王鑄，原名専，字蘊成，號雪浦，監生。亦嗜金石，能詩，工篆隸」。詳見《中國地方志集成・鄉鎮志專輯》第22下册，上海書店，1992年，第157頁。另吴騫《蜀石經毛詩攷異序》云：「昨歲予友仁和魏叔子鉽復獲二卷于舊肆。」陳鱣題記亦云：「蜀石經《毛詩》二卷，吾友錢唐魏君禹新客震澤得之苕谿書賈者，復爲一賈以它物易去，今歸吴中黄君紹甫。」詳見《歷代石經研究資料輯刊》第8册，第457、461頁。

[四] (清)張鑑《冬青館乙集》卷六，《續修四庫全書》第1492册，上海古籍出版社，2002年，第155—157頁。

[五] 徐森玉先生曾勾勒蜀石經《毛詩》殘拓遞藏梗概，詳見徐森玉《蜀石經和北宋二體石經》，《文物》1962年第1期，第9—10頁。今在徐文基礎之上加以增訂。

[六] 蜀石經《公羊》殘拓未存書題，然據《毛詩》《周禮》《左傳》《穀梁》殘拓書題皆從唐石經之例，《公羊》書題當作「春秋公羊經傳解詁」，本書從便亦稱「公羊」或「春秋公羊傳」。

[七] 此處所記爲拓本實際開數。本書對無任何信息之空白葉未加影印，夾有活葉處則將此開及放置活葉後之形態分別影印，故圖版開數與實際開數不盡吻合，以下相同之處不再出注。

[八] 原拓末半開朱筆葉號作「百五九」，應爲「百六十」。

(2)《周禮・考工記》拓本一册，殘拓起自卷十二《玉人》鄭注「辟男」，終於《匠人》經文「牆厚」。拓本配有藍布書衣，書衣上無文字信息。木質面板上有題簽作「宋拓蜀石經周官禮弟十二卷　何維樸爲健之題」，並鈐「維樸印」白文正方印。此本凡七十八開，第十二開至第三十三開爲殘拓，共占二十二開。殘拓每半開皆有朱筆數字即拓本葉號，始「七四」終「百十九」[一]，「百」寫作「一」或近於點形。此外，帖芯内部非左右、中間邊緣處間有剪裱拼接痕跡，可爲推斷原石形制提供依據。此本書根處有墨跡（圖一），墨跡落在殘拓及咸豐間吴履敬、吴式訓、馮志沂、孔憲彝、陳慶鏞等人題記部分。字跡筆畫錯開，原序應爲「⑤①④③②⑥」（圖二），重新拼合後可知本作「宋拓蜀石經殘本上」。筆畫錯開處均屬殘拓，則書寫此八字時殘拓順序與今日不同，曾一度混亂，後經重裝理順。

圖一　《周禮・考工記》拓本書根墨跡

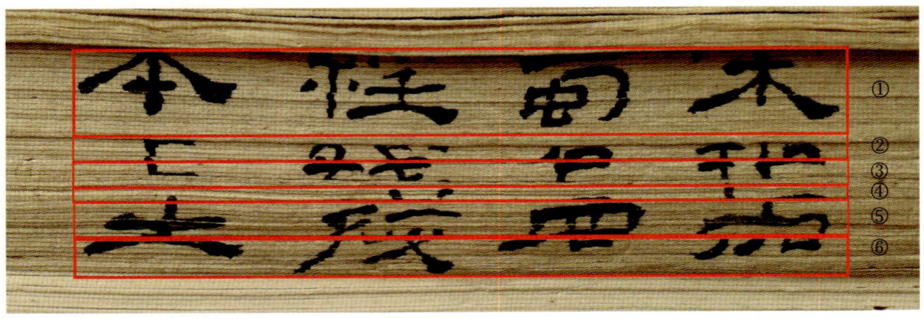

圖二　《周禮・考工記》拓本書根墨跡筆畫錯開

(3)《春秋經傳集解・襄公》拓本一册，殘拓起自《左傳》卷十五首，終於卷十五尾，内容爲襄公十年至十五年經傳及杜注。拓本配有藍布書衣，上繡「宋拓蜀石經左傳弟十五」及「蜀石經齋」白文正方印。木質面板上有題簽作「宋拓蜀石經春秋左氏傳弟十五卷　瞿鴻禨爲健之親家題」。此本凡八十二開，第十開至第六十三開右半爲殘拓，共占五十三開半。殘拓每半開皆有朱筆數字即拓本葉號，始「一」終「百七」，「百」亦寫作「一」或近於點形。此外，卷首上部鈐「東宮書府」朱文正方印，印面内框高寬均爲5.1釐米[二]。

(4)《春秋經傳集解・昭公》拓本一册，殘拓起自《左傳》卷二十昭公二年傳文「子也」，終於「而又何請焉」之「而」字。拓本配有藍布書衣，書衣上無文字信息。木質面板上有題簽作「宋拓蜀石經春秋左氏傳弟二十卷　陳寶琛爲健之老弟題」。此本凡七十開，第三十五開至第三十七開爲殘拓，共占三開。殘拓有兩種朱筆葉號，居下部者始「七二」終「七七」，字跡與其他拓本中葉號相似，當爲原始編號；居上部者始「一」終「六」，字跡明顯有別，當爲獲此三開殘拓者所添。此外，帖芯内部非左右、中間邊緣處間有剪裱拼接痕跡；第二十三開處夾有三紙活葉；第六十六開姚永樸題詩後裝有「金粟山藏經紙」三開，其中尚有抄經時墨筆滲透留下的痕跡，因紙背朝上，故呈「反印」狀態。今能辨出文字若干，似《妙法蓮華經》之文。

(5)《春秋公羊經傳解詁・桓公》拓本一册，殘拓起自《公羊》卷二桓公六年傳文「來也」，終於十五年經文「公會齊」。拓本配有藍布書衣，書衣上無文字信息。木質面板上有題簽作「宋拓蜀石經春秋公羊傳弟二卷　何維樸爲健之題」，並鈐「維樸印」白文正方印。此本凡六十七開，第十七開至第三十五開爲殘拓，共占十九開。殘拓每半開有朱筆數字即拓本葉號，始「百卅四」終「百六十」，

[一] 原拓葉七五後闕一開，故無標作「七六」「七七」之葉。

[二] 因鈐蓋狀態不同，印面外框高寬或有變化，内框高寬則較爲穩定，故測量内框數值。

「百」亦寫作「一」。末開左半殘損，原拓葉號當爲「百六十一」，然今已不可見。此外，帖芯内部非左右、中間邊緣處間有剪裱拼接痕跡，可爲推斷原石形制提供依據。此本書根處亦有墨跡，作「宋拓蜀石經殘本下」（圖三）[一]。

（6）《春秋穀梁傳·文公》《成公》《襄公》拓本一册，包括《穀梁》卷六文公元年半開，起自文公卷首，終於元年經文「來會葬」；卷八成公元年至二年三開半，起自成公卷首，終於二年傳文「舉其」；襄公二十六年至二十七年兩開，起自二十六年經文「公會」，終於二十七年注文「惡也」。此册無書衣，木質面板上有題簽作「宋拓蜀石經春秋穀梁傳弟八弟九卷　陳寶琛爲健之老弟題」，並鈐「弢盦」朱文正方印。此本凡三十二開，第五開右半、第七開至第十開右半、第十一開至第十二開爲殘拓，共占六開。三種《穀梁》殘拓有朱筆數字即拓本葉號，文公殘拓標朱筆葉號「一」；成公殘拓朱筆葉號始「一」終「七」；襄公二十六年至二十七年殘拓朱筆葉號始「百廿四」終「百廿六」，「百」亦寫作「一」，末開左半殘損，原拓葉號當爲「百廿七」，然今已不可見。此外，文公、成公卷首上部皆鈐「東宮書府」朱文正方印，印面内框高寬均爲5.1釐米；帖芯内部非左右、中間邊緣處亦有剪裱拼接痕跡；拓本首尾第一、二、三十一、三十二開裝有「藏經箋」，其中亦有墨筆滲透留下的痕跡。

圖三　《公羊·桓公》拓本書根墨跡

（7）《春秋穀梁傳·襄公》拓本一册，殘拓起自《穀梁》卷九襄公十八年經文「晉侯」，終於十九年經文「侵齊，至」。拓本配有藍布書衣，上繡「宋拓蜀石經穀梁弟九」及「石經厂」朱文正方印。木質面板上有題簽作「宋拓蜀石經春秋穀梁傳弟九卷　瞿鴻機爲健之親家題」。此本凡八十八開，第十六開至第十七開爲殘拓，共占兩開。殘拓每半開皆有朱筆數字即拓本葉號，始「百二」終「百五」，「百」亦寫作「一」。第十八開右半附「廿四」二字墨拓殘片。

另外，此批劉體乾舊藏拓本中還有劉氏搜集之陳宗彝刻本《蜀石經殘字》一册，自作之《蜀石經題跋姓氏録》一册。前者配有藍布書衣，書衣上無文字信息，木質面板上有題簽作「陳氏木刻蜀石經　戊午（1918）十二月爲健之老同年題　弟章梫」。此本凡五十七開，蓋劉體乾欲與其他殘拓相配，將道光時陳宗彝據摹寫本刊刻之蜀石經《毛詩》《春秋經傳集解·昭公》拆開改裝[二]。第二開左半書簽作「石經殘本　鈕樹玉題」，「石」上或殘去「蜀」字，存世陳刻本中多不見此簽。後者無書衣，木質面板上有題簽作「蜀石經題跋姓氏録」，據字跡判斷應爲劉健之自署。此本凡二十四開，包括「蜀石經題跋各家姓氏録」「蜀石經觀款各家姓氏録」「蜀石經題簽署首各家姓氏録」「蜀石經齋圖各畫家姓氏録」，題跋姓氏録又分「乾隆五十二年（1787）至宣統二年（1910）」「宣統辛亥年（1911）起」兩段著録。綜上，國家圖書館所藏劉體乾舊藏蜀石經拓本七册，另附《陳氏木刻蜀石經》一册、《蜀石經題跋姓氏録》一册，拓本及附册形態皆劉氏收藏時形成。今實測各本面板、帖芯高寬之數[三]，列表一如下。

[一] 圖一至圖三爲2023年9月於國家圖書館閲覽原拓時拍攝。圖二在原圖基礎上有所加工，紅框僅作示意，並非精準分層。

[二] 陳宗彝於《毛詩》殘字後云「兹從陽城張古餘夫子假得《毛詩》殘字一册，迺吳門黄氏抄本」，於《左傳·昭公》殘字後又云「兹從車秋舲處得《左傳》殘字」。言《昭公》殘字得自車持謙，與其父陳繼昌道光六年《重刊蜀石經殘本叙》所謂「並從善化唐陶山先生訪得家樹華所藏《左傳》殘字附刊於後」稍異。今以陳刻本與原拓對勘，有異文若干，陳氏所據恐非原拓，蓋得自車氏之摹寫本。

[三] 本次測量使用軟尺，帖芯一般取殘拓起始之半開測量，若第一個半開已損，則取第二個半開測量。

表一　國家圖書館藏蜀石經拓本及附册高寬表

序號	拓本及附册名稱	面板高寬	帖芯高寬
1	《周禮・秋官》	34.1 cm,15.1 cm	29.6 cm,13.6 cm
2	《周禮・考工記》	35.5 cm,17.8 cm	30.2 cm,15.3 cm
3	《左傳・襄公》	34.1 cm,15.3 cm	29.8 cm,14.4 cm
4	《左傳・昭公》	33.4 cm,20.1 cm	29.5 cm,16.6 cm
5	《公羊・桓公》	35.6 cm,17.8 cm	30.2 cm,14.2 cm
6	《穀梁・文公》《成公》《襄公》	35.3 cm,18.6 cm	《文》29.4 cm,13.6 cm 《成》29.9 cm,14.1 cm 《襄》29.9 cm,14.1 cm
7	《穀梁・襄公》	34.1 cm,15.4 cm	30.1 cm,13.2 cm
8	《陳氏木刻蜀石經》	33.5 cm,19.9 cm	
9	《蜀石經題跋姓氏録》	34.1 cm,15.4 cm	

2.　拓本遞藏

（1）《周禮・秋官》殘拓、《左傳・襄公》殘拓、《穀梁》襄公十八年至十九年殘拓，經楊繼振、張度、李希聖、陶森甲/劉毅、劉體乾等人遞藏。

楊繼振《蜀石經春秋經注攷異》稿本原封大字題「蜀石經左氏傳校勘記」，又小字云『「穀梁卷九傳注攷异」附後，此記易名『蜀石經春秋經注攷异』，因阮氏有校勘記，故易此」，並題「庚申(1860)八月十九日起，九月四日訖，石經厂隨筆」。內頁題「續又得《周禮》殘傳二卷，《穀梁》殘傳一册，改顔巖居曰『庁政三石經厂』」[二]。可見楊繼振先得《左傳・襄公》殘拓，後得《周禮・秋官》《穀梁・襄公》殘拓。

又據《左傳・襄公》拓本所附張錫庚、張德容、沈兆霖、朱學勤、葉名澧等人題跋、題詠，可知咸豐七年(1857)左右此殘拓曾爲京師式古堂書坊主人收藏。咸豐庚申冬月張恩澍《蜀石經春秋經注攷異》題記云「又雲先生癖嗜金石文字，知此册在某賈處，竭力購之，居奇不輕售。海氛弗靖，幾亘告警，賈利腰纏，於是斯册乃歸星鳳堂中」[三]，則咸豐十年(1860)楊繼振得《左傳・襄公》殘拓於京師某賈，或即式古堂主人。另，此本第二開右半上部鈐有「鄭親王章」朱文正方印，吴檢齋云「此册清咸豐六、七年間，爲鄭親王□□所藏，後歸大興鄭世允」[三]。何紹基於咸豐七年秋見此册，稱爲鄭世允藏本[四]，這一時間與式古堂收藏時間重合，據目前所知尚難確定鄭世允與式古堂主人是何種關係。故此本歸楊繼振之前，或經鄭親王端華、鄭世允/式古堂主人收藏。

宣統三年(1911)四月，吴慶坻作《蜀石經春秋左傳卷十五宋拓殘本舊藏吴興張叔憲所今歸劉健之觀察體乾携來長沙爲題二絶》云「抱蜀堂中長物三，廿年塵夢憶宣南。期君莫靳官泉布，劒合延津侈美談」，並自注言「吴興張叔憲藏蜀石經《春秋左傳》及《穀梁傳》《周禮》凡三册，壬辰(1892)在嬾眠胡同抱蜀堂中展讀竟日」[五]。癸亥(1923)七月，吴慶坻之子吴士鑑又爲劉體乾題詩云「抱蜀無言謹護儲，幾同三篋得亡書。湘中二妙皆躭古，手裒縑囊刦火餘」，並自注言「張辟非藏蜀石經《周禮》《左傳》《穀梁》爲楊幼雲石箏館物，辟非自號抱蜀老人。……庚子(1900)之亂老人所藏流入廠肆，爲李亦元、陳詒重二君所得，旋均歸入君齋」[六]。可知楊繼振舊藏蜀石經三種，曾歸張度抱蜀堂，又經李希聖等人之手，終歸劉體

[一] 詳見(清)楊繼振《蜀石經春秋經注攷異》，復旦大學圖書館藏稿本(索書號：3091)。按，「庁」當「廣」字。
[二] 據復旦大學圖書館藏楊繼振《蜀石經春秋經注攷異》稿本録文。
[三] 吴檢齋《蜀石經考異叙録》，《努力學報》1929年創刊號，第5頁。
[四] 詳見蜀石經《左傳・襄公》拓本第三開，《左傳・昭公》拓本第三十六開。並參(清)何紹基《東洲草堂詩鈔》卷一九《題鄭氏世允藏蜀石經左傳殘本》，《續修四庫全書》第1529册，第6頁。
[五] 詳見蜀石經《左傳・襄公》拓本第七十六開。此題據(清)吴慶坻《補松廬詩録》，《清代詩文集彙編》第770册，第306頁。
[六] 詳見蜀石經《左傳・昭公》拓本第十八開。

乾。此外，《穀梁·襄公》拓本中又存有瞿鴻禨電報與題記、劉體乾題記〔一〕，故大體可知劉氏收購李希聖舊藏始末，其中《左傳·襄公》殘拓劉體乾於 1910 年得自陶森甲，1911 年《周禮·秋官》《穀梁·襄公》殘拓亦由陳毅歸劉氏。

(2)《周禮·考工記》殘拓、《公羊·桓公》殘拓，經陳慶鏞、吴履敬吴式訓昆仲、劉體乾等人遞藏。

潘祖蔭題跋憶及咸豐二年(1852)八月，曾於陳慶鏞齋中「見《周禮》《公羊》殘本」〔二〕。同年冬，馮志沂題記云「吴甥敬之兄弟携此蜀石經殘刻相眎，一爲《春秋公羊傳》，一爲《周禮·冬官·攷工記》」〔三〕。《周禮·考工記》《公羊》拓本中又各有陳慶鏞題記〔四〕，均作於咸豐二年十二月。咸豐四年鄭復光題記云「咸豐四年秋閏月初七日，吴氏昆中出宋拓《□□》《周禮》石經蜀本見示」〔五〕，咸豐七年九月何紹基亦爲吴氏昆仲作《吴子肅子迪兄弟屬題宋拓蜀石經周禮經注共六千五百餘字爲册廿二葉公羊傳並注共五千一百餘字爲册十九葉周禮孟氏刻公羊傳宋補刻也賢昆玉攷訂同異甚核爲作詩得四十韻》〔六〕，則《周禮·考工記》殘拓、《公羊·桓公》殘拓咸豐間藏於陳慶鏞、吴氏昆仲處。前述此二册拓本書根處均有墨跡，《考工記》墨跡筆畫雖錯開，但仍可判定與《公羊》墨跡體例、筆跡一致，當爲一人所書。又據劉體乾題記「壬子(1912)正月又收得《周禮》卷十二，二十二葉；《公羊》卷二，十九葉，即陳頌南舊藏也」〔七〕，可知兩本於 1912 年歸劉氏。

(3)《左傳·昭公》殘拓經沈剛中、陳樹華、唐仲冕、梁章鉅、楊廷傳、力鈞、劉體乾等人遞藏。

陳樹華《春秋經傳集解考正·論例》云「乾隆三十九年(1774)四月朔，蘆墟沈剛中示余蜀石經《左傳》六紙。……昭二年傳『夫子君子也』下子字起，至『而又何請焉』而字止」〔八〕，翁方綱《跋蜀石經殘本》言「予昔聞芳林得此於蘆墟沈剛中氏，凡六紙，渴思一見而未得遂」〔九〕，則陳樹華得《左傳·昭公》殘拓於沈剛中。

段玉裁《跋黄蕘圃蜀石經毛詩殘本》載「南歸後寄居姑蘇閶門外，於故友陳芳林樹華家見蜀石經《左傳》數百字，錢曉徵少詹事録諸《潛揅堂金石跋尾》，今爲唐陶山刺史物者是也」〔一〇〕，據此可知此本嘉慶間曾歸唐仲冕。梁章鉅《蜀石經左氏傳殘本册》又言「幸歸余篋，因重加裝治」〔一一〕，《左傳·昭公》拓本第四十二開梁氏所題即此詩，唯文字有所出入，落款作「道光辛卯冬季重裝畢題此」，則此本道光十一年(1831)又轉歸梁氏，且經重裝。陳宗彝刻本《左傳·昭公》殘字所據雖非原拓，然「吾聞」後空一行，尚未將下葉第一行提行，反映的可能是重裝前的拓本面貌(圖四)。

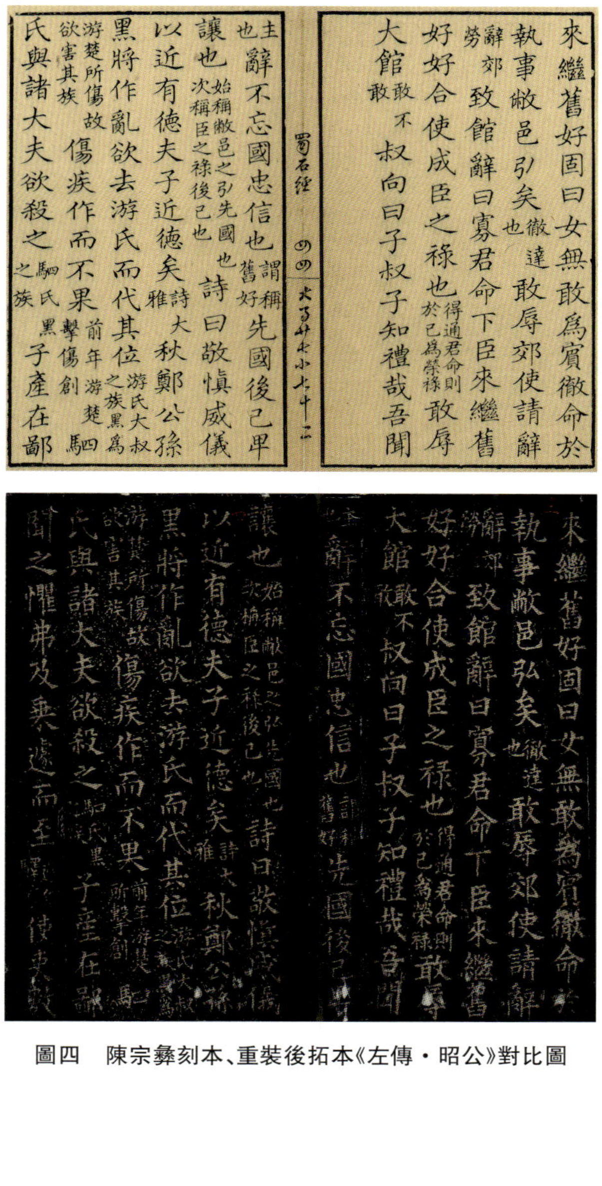

圖四　陳宗彝刻本、重裝後拓本《左傳·昭公》對比圖

〔一〕詳見《穀梁·襄公》拓本第二十二、二十五、二十六、三十、三十一開。
〔二〕詳見蜀石經《左傳·襄公》拓本第七十四開。
〔三〕詳見蜀石經《周禮·考工記》拓本第三十六開。
〔四〕詳見蜀石經《周禮·考工記》拓本第三十七開、《公羊·桓公》拓本第三十八開。
〔五〕詳見蜀石經《公羊·桓公》拓本第三十八開，原件「宋拓」後有蟲蛀痕跡，所闕蓋「公羊」二字。
〔六〕詳見蜀石經《周禮·考工記》拓本第六至第七開，此題據(清)何紹基《東洲草堂詩鈔》卷一九，《續修四庫全書》第 1529 册，第 4 頁。
〔七〕詳見蜀石經《穀梁·襄公》拓本第三十一、三十二開。
〔八〕(清)陳樹華《春秋經傳集解考正》，《續修四庫全書》第 142 册，第 7—8 頁。
〔九〕(清)翁方綱《復初齋文集》，《續修四庫全書》第 1455 册，第 502 頁。
〔一〇〕(清)段玉裁《經韻樓集》，《續修四庫全書》第 1434 册，第 575 頁。
〔一一〕(清)梁章鉅《退菴詩存》，《續修四庫全書》第 1499 册，第 614 頁。

另劉體乾題記云「陳芳林所藏《左傳》三十五行，戊午(1918)十月陳弢庵太保爲之作緣歸余」[一]，則此本歸劉乃1918年陳寶琛作緣。據1919年弢庵題記「此册爲楊甘州廷傳所藏，文襄留觀累月，撫晉行前一夕始題而還之。比余再至都，則已歸力農部鈞。吾友劉健之觀察既有《周禮》、三《傳》諸册，都四萬六千四百餘字，聞予言亟力致，自是孟蜀殘刻幾盡爲君有矣」[二]，可知此本歸劉之前又經楊廷傳、力鈞收藏。

(4)《穀梁》文公元年、成公元年至二年、襄公二十六年至二十七年殘拓，經彦德/羅振玉、劉體乾等人遞藏。

1925年劉體乾題記載「右宋皇祐田況補刻《春秋穀梁傳》弟八弟九卷，存經注九百四十二字，本内閣大庫物，後歸滿洲彦悳君。余習聞之，今年託朱君幼平以重價買得」[三]。1926年羅振玉《蜀石經春秋穀梁傳文公第六殘葉跋》又云「予此本得之大庫殘籍中。先是滿洲某君亦得《穀梁》殘卷數十行于内閣大庫，健之先生既已重金購致，擬寫影以傳之，移書乞此五行，因題後以歸之」[四]。故可知民國間内閣大庫所出蜀石經《穀梁・成公》《襄公》殘拓曾藏彦德處，《文公》殘拓曾藏羅振玉處，分别於1925年、1926年歸劉。

綜上，劉體乾搜集蜀石經，以1910年由陶森甲得《左傳・襄公》殘拓，1911年由陳毅得《周禮・秋官》、《穀梁》襄公十八年至十九年殘拓爲起始。此三册皆爲楊繼振舊藏，劉氏先得《左傳》《周禮》，而《穀梁》因故一時未得，瞿鴻禨爲之調停，終亦歸劉。此三册面板均由瞿氏題簽，蓋緣此之故。三種拓本高寬基本一致，《蜀石經題跋姓氏録》尺寸仿之，詳見表一中以白色底紋標識者。1912年劉體乾得《周禮・考工記》《公羊・桓公》殘拓，此二册爲陳慶鏞、吴氏昆仲舊藏，何紹基曾爲吴氏題識，故劉體乾又請何維樸於面板題簽。二者高寬基本一致，詳見表一中以藍色底紋標識者。1918年由力鈞得《左傳・昭公》殘拓，乃陳寶琛作緣，故此册面板爲弢庵題簽。《陳氏木刻蜀石經》尺寸仿該本，或因陳宗彝刻本中亦有《左傳・昭公》，詳見表一中以橙色底紋標識者。最後，1925年劉體乾由彦德收《穀梁》成公元年至二年、襄公二十六年至二十七年殘拓，1926年由羅振玉得《穀梁》文公元年殘拓。三者裝爲一册，又請陳寶琛題簽，而尺寸與他本皆異，詳見表一中以紅色底紋標識者。

3. 拓本來源及年代

由上文拓本描述可知，目前分藏上海圖書館、國家圖書館的蜀石經《毛詩》、《周禮》、《春秋》三傳拓本均有朱書葉號，有些葉號如「百」字的書寫特徵相似，諸本當同源。且《左傳》襄二第十五卷首、《穀梁》文公第六卷首、《穀梁》成公第八卷首上部均鈐有「東宫書府」篆文印，故知國圖所藏《左傳》《穀梁》拓本確曾共藏一處。另外，丁敬《雪中集南華堂趙谷林兄弟出觀蜀廣政石經毛詩殘本宋廖瑩中世綵堂刻韓集作》詩中有「中間古印辨不真」一句[五]，今檢《毛詩》拓本並無「辨不真」之「古印」。而「東宫書府」印篆體特殊，習稱「九疊文」，字形辨識確實存在一定難度，正符合丁詩的描述。據此推測，丁敬所見「古印」當鈐蓋於《周南》卷首，此部分後又佚失，故今不可見。若果真如此，則亦可佐證現分藏南北的《毛詩》《左傳》《穀梁》殘拓來源一致。

進一步考察「東宫書府」，當爲明懿文太子藏印。趙萬里先生爲宋刻本《國語解》《春秋經傳》撰寫説明時曾指出，鈐有此印之兩書「當是元時官書，明太祖滅元

[一] 詳見蜀石經《穀梁・襄公》拓本第三十二開。
[二] 詳見蜀石經《左傳・昭公》拓本第四十六開。
[三] 詳見《穀梁・文公》《成公》《襄公》拓本第十三開。
[四] 羅振玉此文在《穀梁》文公元年殘拓五行後，今據羅氏《後丁戊稿》録題。詳見羅振玉著，羅繼祖、王同策編《羅振玉學術論著集》第十集，上海古籍出版社，2010年，第677頁。
[五] (清)丁敬《硯林詩集》，《清代詩文集彙編》第276册，第290頁。亦可參李福過録之丁詩，詳見蜀石經《毛詩》拓本第四十六開。

得之，以貽懿文太子者」〔一〕。此說既點明「東宮書府」印之所屬，又推測了鈐有此印之書的淵源，據此或可將現存蜀石經殘拓的來源上推至元內府〔二〕。至於明正統《文淵閣書目》及萬曆、崇禎兩部《內閣藏書目録》中著録之蜀石經拓本，當即懿文太子所藏者。大約在明萬曆間，一綫單傳之蜀石經拓本開始由內府散出〔三〕，入清之後殘拓流轉情況已見上文。

目前上海圖書館以蜀石經《毛詩》爲宋拓本，國家圖書館則以所藏爲宋、元拓本之合璧〔四〕。結合上文對蜀石經原石毁佚時間的推測，國圖藏本或可進一步明確爲宋拓本。

（二）近代成都出土殘石及其拓片

1938 年因日軍空襲，成都拆除城垣以便市民疏散，陸續於老南門發現蜀石經殘石若干。相關情況，江鶴笙、江友樵、羅希成、陳達高、王利器、馬衡、周萼生等人有説。周氏云 1938 年於成都南門外發現殘石約十片左右，江鶴笙得其半數以上〔五〕。據鶴笙子友樵所述，其父曾獲藏九塊，以「孟蜀石經樓」顔其居〔六〕。江鶴笙又云當日所得《毛詩》不止一石，有一石因故失去，爲黄希成所得，後歸前川西文教廳，今屬四川省博物館〔七〕。此石當即羅希成捐獻、現藏四川博物院之《毛詩·周頌》《魯頌》殘石。而羅氏言該石爲舊僕劉某得於黔中，1939 年春獲贈〔八〕。可見江、羅二説不能密合，至少此石的流傳過程尚存闕環〔九〕。然陳達高言《尚書·説命》《君奭》殘石「出土於成都之南門，知者無人，函川大竟不覆，輾轉歸余」〔一〇〕，則成都老南門作爲蜀石經出土地，當無問題〔一一〕。

此批殘石及其拓片見於著録者有：《周易》殘石兩塊拓片四葉，一石一面刻《履》、一面刻《泰》《否》（圖五），一石兩面均刻《中孚》（圖六），原石皆爲江鶴笙舊藏現藏四川博物院；《尚書》殘石兩塊拓片三葉，一石單面刻《禹貢》（圖七），一石一面刻《説命》、一面刻《君奭》（圖八），前者爲江鶴笙舊藏，後者爲陳達高舊藏，現均藏四川博物院；《毛詩》殘石兩塊拓片四葉，一石一面刻《鄭風》之《叔于田》《大叔于田》、一面刻《曹風》之《鳲鳩》《下泉》，一石一面刻《周頌》之《桓》《賚》、一面刻《魯頌》之《駉》（圖九），前者爲江鶴笙舊藏現藏地不明〔一二〕，後者爲羅希成舊藏現藏四川博物院；《儀禮》殘石一塊拓片兩葉，兩面均刻《特牲饋食禮》（圖十），原石

〔一〕詳見北京圖書館編《中國版刻圖録》第 1 册，北京：文物出版社，1960 年，第 13、16 頁。趙萬里先生於「東宮書府」印雖早有清晰認識，然王國維先生宋印説影響甚大，至今仍有沿襲王氏誤説者。此問題可參張學謙《蜀石經拓本所鈐「東宮書府」印非宋内府印辨》，《圖書館雜誌》2014 年第 9 期，第 109—112 頁；王天然《蜀石經拓本所鈐「東宮書府」印補説》，《版本目録學研究》第 7 輯，北京大學出版社，2016 年，第 445—450 頁。

〔二〕現存蜀石經拓本甚至可能來自更早的内府收藏，但不能以「東宮書府」印爲證據。

〔三〕詳見王天然《蜀石經著録疏證（上）》，第 86 頁。

〔四〕詳見上海圖書館編著《上海圖書館善本碑帖綜録》卷二，上海書畫出版社，2017 年，第 954 頁；中國國家圖書館編著《中國國家圖書館善本碑帖綜録》卷上，上海書畫出版社，2020 年，第 355 頁。

〔五〕詳見周萼生《近代出土的蜀石經殘石》，《文物》1963 年第 7 期，第 46 頁。

〔六〕詳見江友樵《口述自傳》，《中華書畫家》2016 年第 8 期，第 48 頁。

〔七〕周萼生引江鶴笙説如此，李志嘉、樊一云黄希成即羅希成。詳見周萼生《近代出土的蜀石經殘石》，第 46 頁；李志嘉、樊一《蜀石經述略》，《文獻》1989 年第 2 期，第 217 頁。

〔八〕詳見重慶中國三峽博物館所藏《毛詩·周頌》《魯頌》殘拓之羅希成題識。

〔九〕李志嘉、樊一認爲若羅氏所述可信則可證劉燕庭所記不虚，若江氏所述可信則此石不出黔中，乃抗戰初出成都老南門城垣。按，羅説似有附會劉燕庭所記「任令貴州人，罷官後原石輦歸黔中矣」之嫌。另，駱陸文猜測此石爲貴陽二四轟炸後所發現，並無更多證據，恐非事實。詳見李志嘉、樊一《蜀石經述略》，第 218 頁；（清）錢大昕《竹汀先生日記鈔》卷二，劉喜海批注，國家圖書館藏何元錫夢華館刻本（善本書號：02520），第 7B 頁；駱陸《黔中拾得之一：蜀石經殘石》，《西南公路》1943 年第 254 期，第 1255 頁。

〔一〇〕詳見重慶中國三峽博物館所藏《尚書·説命》《君奭》殘拓之陳達高題識。

〔一一〕但此處可能並非蜀石經原石湮没的唯一地點。

〔一二〕然尹建華、曾如實《四川五代石刻考察記》著録該石云「高 32，寬 23，厚 7 釐米。此石一面刻《鄭風》，一面刻《曹風》。今存重慶市博物館」。詳見成都王建墓博物館編《前後蜀的歷史與文化——前後蜀歷史與文化學術討論會論文集》，成都：巴蜀書社，1994 年，第 150 頁。另成都永陵博物館陳列中有此石複製品，展品説明亦云「原件藏重慶中國三峽博物館」。兩條綫索指向一致，原石可能並未佚失。

爲陳儉十舊藏，後歸重慶市博物館，現藏中國國家博物館[一]。綜上，見於著録之蜀石經殘石共計四經七石，得拓片十三葉[二]。

圖五　《周易・泰》《否》殘石

圖六　《周易・中孚》殘石

圖七　《尚書・禹貢》殘石

圖八　《尚書・君奭》殘石

圖九　《毛詩・魯頌・駉》殘石

圖十　《儀禮・特牲饋食禮》殘石

三　蜀石經之形制與性質

（一）原石形制

因原石毁佚，傳世殘拓已經割裱，近代所出殘石則過於零碎，故長期以來學界對蜀石經原石形制缺乏清晰認知，確爲蜀石經研究中的疑難問題。本人此前曾選取拓本、殘石均有存世的《毛詩》爲入口，據當時匆匆一觀之上圖《毛詩》拓本葉七四、八七、九三所存原石編號，結合其他已知形制信息，初步復原了《毛詩》原石行數與布局方式，認爲蜀石經《毛詩》原石一面約容37行，單排布局，雙面書刻。又以國博藏《儀禮・特牲饋食禮》殘石加以檢驗，亦推擬出《儀禮》此石一面約容36行、一面約容37行的結果，與《毛詩》原石行數基本一致[三]。

今日再觀上圖《毛詩》拓本高清圖版，於原石編號續有發現，已在上文列出。此外帖芯內部非左右、中間邊緣之剪裱拼接痕跡，也爲推斷原石形制提供了重要依據。如據《毛詩》殘拓184行與185行、221行與222行之間所存拼接痕跡推測，185行至221行所在原石有37行；據221行與222行、295行與296行之間拼接痕跡推測，222行至295行共74行，或兩石之內容，222行至258行爲一石，259行至295行爲一石，258行與259行之間正處於拓本一開中央；據295行與296行、332行與333行之間拼接痕跡推測，296行至332行所在原石有37行；

[一] 圖五至圖九爲2019年1月參觀四川博物院時拍攝，圖十爲2022年9月參觀中國國家博物館時拍攝。

[二] 近年又見未經著録之蜀石經殘石拓片三件，分別爲《進御删定禮記月令表》殘拓、《御删定禮記月令》殘拓、《春秋經傳集解・哀公》殘拓，現藏成都澹軒先生處，期待日後還有新的發現。詳見王天然《三件未著録蜀石經殘拓考略》，《出土文獻研究》第21輯，上海：中西書局，2022年。

[三] 詳見王天然《蜀石經形制蠡識》，第113—128頁。

據 332 行與 333 行、370 行與 371 行之間拼接痕跡推測，333 行至 370 行所在原石似有 38 行，然該石跨卷，卷一止於葉五八第四行，第五、六兩行爲空白，由拓本第五行狀態可知原石此行爲空白，而第六行已不屬原拓，蓋卷一、二之間有一行空白，製作拓本時將卷二另起一葉裝裱，若果然如此，則該石可能仍是 37 行；據 370 行與 371 行、407 行與 408 行之間拼接痕跡推測，371 行至 407 行所在原石有 37 行；據 444 行處於第十二石末尾、481 行與 482 行之間拼接痕跡推測，445 行至 481 行所在原石有 37 行；據 481 行與 482 行、518 行與 519 行之間拼接痕跡推測，482 行至 518 行所在原石有 37 行；據 518 行與 519 行、555 行與 556 行之間拼接痕跡推測，519 行至 555 行所在原石有 37 行；據 555 行與 556 行、592 行與 593 行之間拼接痕跡推測，556 行至 592 行所在原石有 37 行；據 592 行與 593 行、629 行與 630 行之間拼接痕跡推測，593 行至 629 行所在原石有 37 行。故再次驗證了舊作中《毛詩》原石行數的結論，另結合葉百五所存原石編號「十八」，可知《毛詩》卷一、卷二即《周南》《召南》《邶風》用石 18 面。

今又首次得見國圖所藏原拓，也收獲了以往從劉體乾影印本中不易觀察到的信息。如《周禮》拓本中亦有帖芯內部非左右、中間邊緣之剪裱拼接痕跡。據《秋官》殘拓 61 行與 62 行、98 行與 99 行之間拼接痕跡推測，62 行至 98 行所在原石有 37 行；據 98 行與 99 行、135 行與 136 行之間拼接痕跡推測，99 行至 135 行所在原石有 37 行；據 135 行與 136 行、172 行與 173 行之間拼接痕跡推測，136 行至 172 行所在原石有 37 行；據 172 行與 173 行、209 行與 210 行之間拼接痕跡推測，173 行至 209 行所在原石有 37 行；據 209 行與 210 行、283 行與 284 行之間拼接痕跡推測，210 行至 283 行共 74 行，或兩石之內容，210 行至 246 行爲一石，247 行至 283 行爲一石，246 行與 247 行之間正處於拓本一開中央；據 283 行與 284 行、320 行與 321 行之間拼接痕跡推測，284 行至 320 行所在原石有 37 行；據 320 行與 321 行、357 行與 358 行之間拼接痕跡推測，321 行至 357 行所在原石有 37 行；據 357 行與 358 行、395 行與 396 行之間拼接痕跡推測，358 行至 395 行所在原石有 38 行；據 395 行與 396 行、469 行與 470 行之間拼接痕跡推測，396 行至 469 行共 74 行，或兩石之內容，396 行至 432 行爲一石，433 行至 469 行爲一石，432 行與 433 行之間正處於拓本葉間；據 469 行與 470 行、505 行與 506 行之間拼接痕跡推測，470 行至 505 行所在原石似有 36 行，然該石跨卷，蓋卷九、十之間有一行空白，製作拓本時剪去空行，故 501 行與 502 行之間亦有拼接痕跡，若果然如此，則該石可能仍爲 37 行；據 505 行與 506 行、542 行與 543 行之間拼接痕跡推測，506 行至 542 行所在原石有 37 行；據 542 行與 543 行、579 行與 580 行之間拼接痕跡推測，543 行至 579 行所在原石有 37 行；據 579 行與 580 行、616 行與 617 行之間拼接痕跡推測，580 行至 616 行所在原石有 37 行；據 616 行與 617 行、653 行與 654 行之間拼接痕跡推測，617 行至 653 行所在原石有 37 行；據 653 行與 654 行、727 行與 728 行之間拼接痕跡推測，654 行至 727 行共 74 行，或兩石之內容，654 行至 690 行爲一石，691 行至 727 行爲一石，690 行與 691 行之間正處於拓本一開中央；據 727 行與 728 行、764 行與 765 行之間拼接痕跡推測，728 行至 764 行所在原石有 37 行；據 764 行與 765 行、801 行與 802 行之間拼接痕跡推測，765 行至 801 行所在原石有 37 行；據 801 行與 802 行、838 行與 839 行之間拼接痕跡推測，802 行至 838 行所在原石有 37 行；據 838 行與 839 行、875 行與 876 行之間拼接痕跡推測，839 行至 875 行所在原石有 37 行；據 875 行與 876 行、949 行與 950 行之間拼接痕跡推測，876 行至 949 行共 74 行，或兩石之內容，876 行至 912 行爲一石，913 行至 949 行爲一石，912 行與 913 行之間正處於拓本葉間。

據《考工記》殘拓 487 行與 488 行、524 行與 525 行之間拼接痕跡推測，488 行至 524 行所在原石有 37 行；據 524 行與 525 行、561 行與 562 行之間拼接痕跡推測，525 行至 561 行所在原石有 37 行；據 561 行與 562 行、598 行與 599 行之間拼接痕跡推測，562 行至 598 行所在原石有 37 行；據 598 行與 599 行、635 行與 636 行之間拼接痕跡推測，599 行至 635 行所在原石有 37 行；據 635 行與 636

行、709行與710行之間拼接痕跡推測，636行至709行共74行，或兩石之內容，636行至672行爲一石，673行至709行爲一石，672行與673行之間正處於拓本一開中央。由此可見，《周禮》原石行數也與《毛詩》基本一致。

而《左傳》殘拓中罕見此類剪裱拼接痕跡〔一〕，故《左傳》原石行數當爲6之倍數，或即36行，與《毛詩》《儀禮》《周禮》諸經稍異。

又如據《公羊》殘拓659行與660行、691行與692行之間拼接痕跡推測，660行至691行所在原石蓋32行。692行大字「桓公」右側尚存刻字「⼗匸」，蓋「廿四」殘形，當爲原石編號。若以23面容納691行估算，《公羊》每面或在30行左右，行數可能並不整齊劃一。另據691行與692行、724行與725行之間拼接痕跡推測，692行至724行所在原石蓋33行；據724行與725行、759行與760行之間拼接痕跡推測，725行至759行所在原石蓋35行；據759行與760行、793行與794行之間拼接痕跡推測，760行至793行所在原石蓋34行。益可見《公羊》原石行數並不穩定，故有理由懷疑北宋續刻之《公羊》形制與《毛詩》《儀禮》《周禮》《左傳》諸經存在較大差異，而這種差異的形成或由石料情況所決定。

綜上，據目前所知蜀石經《毛詩》《儀禮》《周禮》形制基本一致，原石一面約容三十七行，《左傳》稍異，原石一面可能約容三十六行；《公羊》原石行數可能並不穩定，與廣政間鐫石者存在較大差異。

（二）文本性質

關於文本性質，此前曾分孟蜀石經、宋蜀石經兩類做過初步探索，認爲孟蜀石經大字部分以唐開成石經爲底本而有微異，小字部分除《左傳》外當源自唐五代寫本，《左傳》則很可能利用了五代國子監刊本；宋蜀石經《公羊》所用底本爲蜀刻的可能性較大，《穀梁》底本亦屬監本系統，《孟子》或據北宋監本刻石，似非蜀大字本〔二〕。近年因陸續完成了現存蜀石經的校理及字形表的編製，對此問題有了進一步認識。舊作的討論主要著眼於文本異同，今在此之外更增强了對蜀石經用字特徵的考察。

首先，通過全面校理蜀石經遺文，充分掌握經、注文本的異同情況，得到以下結果〔三〕。《周易》殘石所存經文與唐石經皆同，注文中保留了來源較早的文本。《尚書》殘石所存經文與唐石經皆同，有些經文與敦煌寫本形成對比，注文則有近於敦煌寫本而與後世刻本不同者。《儀禮》殘石所存經文與唐石經皆同，注文與後世刻本相較，存在較爲獨特的異文。《禮記》殘拓所存大字與唐石經皆同，注文與敦煌寫本存在異文。《毛詩》殘拓、殘石經文大多與唐石經一致，雖有不盡相同者，但與敦煌寫本、日本大念佛寺所藏日寫本經文和唐石經之差異相比，異文十分有限；注文與後世刻本相較，則存在大量異文。《周禮》殘拓經文大多與唐石經一致，雖有異文但十分有限；注文與後世刻本相較，則存在大量異文。《左傳》殘拓經文大多與唐石經一致，雖有不盡相同者，但與敦煌寫本、日本宮内廳書陵部所藏日寫本經文和唐石經之差異相比，異文十分有限；注文與敦煌寫本、日寫本相較存在大量異文，而與南宋撫州公使庫本、越州八行本等爲代表的監本系統更爲接近。《公羊》殘拓一方面與撫州本較爲接近，另一方面又有特異之處。而《穀梁》殘拓遺文甚少，異文也有限。

其次，通過編製字形表，考察蜀石經經、注的用字特徵，得到以下結果。孟蜀石經《周易》《毛詩》《尚書》《儀禮》《周禮》《左傳》之經文用字皆有遵循唐石經的現象。注文方面以《五經文字》《新加九經字樣》爲規範用字參照，則《周易》《毛詩》

〔一〕《左傳・昭公》殘拓中帖芯内部非左右、中間邊緣之剪裱拼接痕跡，當是晚近之人重裝殘拓時所爲，與初製拓本時形成的拼接痕跡不同，不具有推測原石形制的意義。

〔二〕詳見王天然《孟蜀石經性質初理》，《中國典籍與文化》2015年第2期，第65—70頁；《宋蜀石經性質蠡測》，《中國典籍與文化》2018年第2期，第4—13頁。

〔三〕這裏僅描述校理工作的整體結果，具體異同實例詳見已發表於《中國典籍與文化論叢》第18、19、22、23、26、27輯的相關文章。

《尚書》《周禮》《左傳》注文用字皆有不規範現象。然以存字較多的《毛詩》《周禮》《左傳》三經相較，前二者不規範用字甚多，《左傳》則爲個别現象。宋蜀石經《公羊》《穀梁》經、注用字有與孟蜀石經明顯不同者，透露出鮮明的時代差異。《公羊》經、注中均有一字多形現象，注文中還偶見不規範用字。

由以上兩方面考察所見，關於宋蜀石經《公羊》《穀梁》的性質，現仍維持舊作中的看法，不再贅言。對孟蜀石經性質的看法也與舊作基本一致，但認識有所豐富、細化。結合文獻記載，宋人以孟蜀石經依「雍都舊本」「太和舊本」即唐石經書刻〔一〕。乾道六年晁公武組織學官以監本校勘蜀石經十三種，僅得異文三百二科〔二〕。除去宋蜀石經三種，孟蜀石經異文爲二百三十科，監本雖非唐石經，但經文乃唐石經一脈，故孟蜀石經與唐石經的異文之數應與此二百三十科大體相當。而孟蜀石經十種經文超過 51 萬字〔三〕，在經文總數面前，孟蜀石經與唐石經的異文體量是微小的。至於二者存在少量差異，也不難理解。一則經籍刊刻需經校勘〔四〕，其中存在有意的改動；一則刊刻過程中無法避免訛誤的産生。故孟蜀石經與唐石經存在異文，和孟蜀石經以唐石經爲依據並不矛盾。而在文本異同之外，用字特徵也應予以關注。現存孟蜀石經除存字極少的《禮記》殘拓之外，經文用字皆有遵循唐石經的現象，且從存字較多的《毛詩》《周禮》《左傳》觀察，並非偶見而是系統性的用字特徵，即特意選擇的結果。總之，目前殘拓、殘石皆無存世之《孝經》《論語》《爾雅》可先存而不論，至少孟蜀石經其他七種的經文當以唐石經爲主要來源〔五〕，宋人之説尚難推翻〔六〕。

孟蜀石經的注文來源則並不一例。《毛詩》《尚書》《儀禮》《周禮》注文與後世刻本相較，皆存在較爲獨特的異文，且觀察存字較多的《毛詩》《周禮》，二者較之後世刻本存在大量異文。而《左傳》注文與敦煌寫本及文本來源較早的日寫本差異甚多，却與後世刻本尤其是監本系統更爲接近。此外，《周易》殘石注文皆王弼注之部分，其中保留了來源較早的文本，但並非獨立於後世刻本的異文，惜其存字過少，難知全貌。而晁公武《郡齋讀書志》載蜀石經《周易》「《説卦》『乾健也』以下有韓康伯注，《畧例》有唐四門助教邢璹注。此與國子監本不同者也。以蜀中印本挍邢璹注《畧例》，不同者又百餘字」〔七〕，故可知蜀石經《周易》非王弼注部分與後世刻本相較，存在明顯的不同〔八〕。

綜上，孟蜀石經之經文，至少《周易》《毛詩》《尚書》《儀禮》《禮記》《周禮》《左

〔一〕詳見席益《府學石經堂圖籍記》、晁公武《石經考異序》等文。關於宋人所言之「太和舊本」，虞萬里先生近來有十分新穎的解讀，認爲「太和舊本是寫本，而非鄭覃據太和本校勘上石之開成石經本」，此説頗具啓發。請參虞萬里《蜀石經所見〈周禮・考工記〉文本管窺》，《嶺南學報》復刊第 17 輯《經學文獻研究》，上海古籍出版社，2023 年，第 167 頁。然細讀晁公武《石經考異序》，「太和舊本」「大和本」「太和石本」在晁序語境中似無區别，所指皆爲開成石經，今仍以「太和舊本」爲唐石經。

〔二〕詳見晁公武《石經考異序》，然依序中記載各經異文凡二百九十一科，顯然與三百二之數不合。而南宋曾宏父《石經鋪敘》「益郡石經」條也記各經異文之數，《公羊》《穀梁》分别作二十二、二十三，如此則恰合三百二之數，當從曾氏所記。

〔三〕除《爾雅》字數不明外，據曾宏父《石刻鋪敘》所載數據，孟蜀石經九種經文共計 508190 字，再計入《爾雅》，經文將超過 51 萬字。古人所記經文字數雖未必準確，但可以作爲宏觀參考。

〔四〕曾宏父《石刻鋪敘》「益郡石經」條明言《孝經》「右僕射毌昭裔以雍京石本校勘」，《論語》「校、書、鐫姓名皆同《孝經》」。另，玩味「以雍京石本校勘」一句，毌昭裔在校刻《孝經》《論語》時可能以唐石經爲校本，大概在校勘所用經注本之經文後再行書刻，雖未直接以唐石經爲底本，但毌氏此處校勘程序本身即含有依照唐石經之意，亦未破孟蜀石經遵循唐石經之主旨。而徑用經注本爲底本，將唐石經校改於經注本之中，當爲便宜計也。此種情況可能僅存在於廣政七年校刻石經的起始階段，而且大概也只能存在於經文字數較少的幾種經書當中。此法若施用於字數較多的經書，經文異文不但增多，字形異體更難以估量，一一校改反不方便，此時經、注分用底本可能是更爲實用的方法。

〔五〕《禮記》殘拓雖存字有限，然殘拓爲《御删定禮記月令》及李林甫進表之内容，這本身即可説明蜀石經《禮記》以唐石經爲依據。

〔六〕近年姚文昌先生有新説云「宋代以來將唐石經作爲蜀石經底本的認識是錯誤的，蜀石經《毛詩》所據底本是唐代以來的經注合寫本」，詳見姚文昌《蜀石經〈毛詩〉底本辨正》，《文史》2019 年第 1 輯，第 279—288 頁。然在通盤校理、考察用字後重作思量，愈信宋人之有據，故未改易舊作的基本觀點。

〔七〕（宋）晁公武《昭德先生郡齋讀書志》卷一，國家圖書館藏清汪氏藝芸書舍刊二十卷本（善本書號：02835），第 3B—4A 頁。

〔八〕除邢璹注與蜀中刻本存在不少異文外，蜀石經《説卦》「乾健也」以下有注文，更是頗具特色的文本。

傳》七種當以唐石經爲主要來源，其中與唐石經不合者或爲有意改動，或爲一時訛誤，似不能因關注少數異文而忽視占絶大多數的相同文本，進而否定經文依照唐石經的傳統觀點。《周易》《毛詩》《尚書》《儀禮》《周禮》注文存在寫本時代文本參差的特徵，保留了刻本時代來臨前夜的一些獨特注文。《左傳》注文性質則較爲特殊，相對於寫本更接近監本系統。孟蜀石經内部注文性質的這種差異，恰是經籍正在發生寫刻歷史演變的生動體現。

結語

由上文考察原石形制的過程不難發現，一旦獲得觀察原拓或高清圖版的機會，便可能捕捉到原石編號、拼接痕跡等細微信息，這些長期被封存的綫索，成爲破解蜀石經形制這一疑難問題的關鍵。此事足以説明，集中刊布蜀石經高清圖版的重要意義。此外，圍繞蜀石經産生的衍生文獻，也自有其價值。如上文提到的陳宗彝刻本《左傳・昭公》殘字，所據雖非原拓，但可能依然反映了此拓重裝前的較早面貌。而士人雅集與書賈求售兩類活動，均圍繞蜀石經殘拓産生了大量題跋文字。如以《毛詩》殘拓爲中心，乾隆時有杭州小山堂之會。又如《周禮・考工記》《公羊》殘拓曾爲陳慶鏞所得，故咸豐年間題識者多爲京師「顧祠同人」，觀拓構成了慈仁寺顧祠會祭之外的賞鑒活動。再如京師式古堂書坊主人得《左傳・襄公》殘拓，蓋爲出售計，嘗請多人考證題跋。這些活動有意無意間均推動了蜀石經研究，隨之産生的衍生文獻則是考察士人交遊、善本鑒藏的珍貴材料，同樣具有影印刊布的價值。

今幸得虞萬里先生、上海古籍出版社的積極推動，上海圖書館、國家圖書館、重慶中國三峽博物館的鼎力支持，以及郭沖、虞桑玲兩位責任編輯的專業襄助，蜀石經孑遺主體及豐富的衍生文獻首次集於一編，高清刊布。此次影印，上海古籍出版社以保存文獻原貌爲目標，盡力原大、原色呈現蜀石經殘拓的全部信息，爲進一步研究提供了可靠依據。期待《蜀石經集存》的出版，能夠消除文獻難得的阻礙，吸引更多學者參與討論。

二〇二三年九月寫於北京寓所

國家圖書館藏蜀石經《春秋穀梁傳》殘拓録文

說　明

（一）國家圖書館藏蜀石經《春秋穀梁傳》殘拓現存卷六文公元年半開，起自文公卷首，終於元年經文「來會葬」；卷八成公元年至二年三開半，起自成公卷首，終於二年傳文「舉其」，起首半開殘損；卷九襄公十八年至十九年兩開，起自十八年經文「晉侯」，終於十九年經文「侵齊，至」，起首半開殘損；襄公二十六年至二十七年兩開，起自二十六年經文「公會」，終於二十七年注文「惡也」，首尾皆有殘損。現文公、成公、襄公二十六年至二十七年殘拓裝爲一冊，襄公十八年至十九年殘拓裝爲一冊，凡八開。半開經傳大字五行行十四至十五字不等，注文小字雙行行十九至二十一字不等。

（二）拓中字迹殘損處，尚可辨識者徑録其文；存有殘形但較難辨識者與完全殘去者皆以「□」標識；不明具體殘損字數者以「⧄」標識。

（三）殘拓每半開有朱筆數字即拓本葉號，唯襄公二十六年至二十七年殘拓末尾半開殘損，葉號已不可見。今依照朱筆用漢字表示，標記於葉尾。如「來會葬【一】」，意爲拓本第一葉，「來會葬」爲該葉最後三字。又朱筆記「百」作「乛」形，今徑録爲「百」。另據殘拓裝裱狀態，以及襄公兩部分殘拓第一開右半均以偶數起始推測，《穀梁》殘拓皆已改裝；而據葉號估算，原拓卷八成公、卷九襄公蓋同冊裝裱，連續編號。

（四）帖芯内部非左右、中間邊緣之剪裱拼接痕跡，則推算行數加以標記，行數用阿拉伯數字表示。如「衛□□□【629-630】專」，按半開即一葉大字五行推算，「衛□□□」屬629行，「專」屬630行，629、630行之間存在拼接痕跡。

（五）注釋中「唐石經」指唐開成石經《春秋穀梁傳》，據日本京都大學人文科學研究所藏整拓本全文影像；「余本」指南宋建安余仁仲萬卷堂刻本《春秋穀梁傳》，今同時參考初印本與影寫余氏重校本又經覆刻之本，前者據臺北「故宫博物院」公布之全文影像，後者據《古逸叢書》本；「十行本」指宋刻元修十行本《監本附音春秋穀梁注疏》，據《國學基本典籍叢刊》影印國家圖書館藏本。

録　文

一、文公元年

春秋穀梁傳文公第六　范甯集解

元年，春，王正月，公即位。繼正即位，正也。繼正，謂繼正卒也。隱去即位以見讓，桓書即位示安忍。莊、閔、僖不言即位，皆繼弒。

二月，癸亥，日有食之。

天王使叔服來會葬【一】。

（後缺）

二、成公元年至二年

□□穀□□□公□□[一]　范甯集解

元年，春，王正月，公即位。

[一] 唐石經、余本作「春秋穀梁傳成公第八」。

二月，辛酉，葬我君宣公。

無冰。終時無冰則志，此未終時而言無冰，何也？言終寒時無冰，當志之耳。今方建丑之月，是寒時未【一】終。終無冰矣，加之寒之辭也。周二月，建丑之月，夏之十二月也。此月既是常寒之月，於寒之中又加甚，常年過此無冰，終無復冰矣。

三月，作丘甲。《周禮》「九夫爲井，四井爲邑，四丘」，丘十六井。甲，鎧也。作，爲也。丘爲甲也。使一丘之民皆作甲。丘甲，國之事也。丘作甲，非正也。丘作甲之爲非正，何也？古者立國家，百官具，農【二】工皆有職以事上。古者有四民：有士民，學習道藝者。有商民，通四方之貨者。有農民，播殖耕稼者。有工民。巧心勞手以成器物者。夫甲，非人人之所能爲也。各有業也。丘作甲，非正也。

夏，臧孫許及晉侯盟于赤棘。赤棘，晉地。

秋，王師敗績于貿戎。貿戎，地【三】。不言戰，莫之敢敵也。爲尊者諱敵不諱敗，諱敵，使莫二也。不諱敗，容有過否。爲親者諱敗不諱敵，諱敗，惜其毁折也。不諱敵，諸侯有列國。尊尊親親之義也。尊則無敵，親則保全。尊謂王，親謂魯。然則孰敗之？晉也。

冬，十月。季孫行父禿，晉郤克眇，衛孫良夫跛，曹公子手僂【四】，同時而聘於齊。齊使禿者御禿者，使眇者御眇者，使跛者御跛者，使僂者御僂者。御，音迓。迓，迎也。蕭同姪子處臺上而笑之，蕭，國也。同，姓也。姪子，字也。其母更嫁齊惠公，生頃公。宣十二年，楚人滅蕭，故隨其母在齊。聞於客。客不説而去，相與立胥閭而語，移日不解。胥閭，門名【五】。齊人有知之者，曰：「齊之患，必自此始矣！」穀梁子作傳，皆釋經以言義，未有無其文而横發傳者。甯疑經「冬十月」下云「季孫行父如齊」，脱此六字。

二年，春，齊侯伐我北鄙。

夏，四月，丙戌，衛孫良夫帥師及齊師戰于新築，衛師敗績。新築，衛地。

六月，癸酉，季孫行父、臧孫許、叔孫【六】僑如、公孫嬰齊帥師，會晉郤克、衛孫良夫、曹公子手，及齊侯戰于鞌，齊師敗績。鞌，齊地。其日，或曰「日其戰也」，或曰「日其悉也」。悉，謂魯四大夫時悉在戰也。明二者皆當日。曹無大夫，其曰公子，何也？以吾之四大夫在焉，舉其【七】

（後缺）

三、襄公十八年至十九年

（前缺五十開半）

晉侯、宋公、衛侯、鄭伯、曹伯、莒□□□□子〔一〕、薛伯、杞伯、小邾子同圍齊。非圍，而曰圍，據實伐。齊有大焉，亦有病焉。齊若無罪，諸侯豈得同病【百二】之乎？非大，而足同與？齊非大國，諸侯豈足同共圍之與？諸侯同罪之也，亦病矣。諸侯同罪大國，是不量力，必爲大國所讎，則亦病矣。

曹伯負芻卒于師。閔之也。

楚公子午帥師伐鄭。

十有九年，春，王正月，諸侯盟于祝柯【百三】。前年同圍齊之諸侯也。祝柯，齊地。

晉人執邾子。

公至自伐齊。《春秋》之義，已伐而盟復伐者，則以伐致。京城北之

〔一〕唐石經、余本、十行本「□□□□」作「子、邾子、滕」。

類是。盟不復伐者，則以會致。會于蕭魚之類是。**祝柯之盟，盟復伐齊與？**怪不以會致。**曰：非也。**不復伐齊。**然則何爲以伐致也？曰：與人同事，或執**【百四】**其君，或取其地。**同與郲圍齊，而晉執其君，魯取其地，此與盟後復伐無異也。

取郲田，自漷水。以漷水爲界。**軋辭也。**軋，委曲，隨漷水，言取郲田之多。**其不日，惡盟也。**

季孫宿如晉。

葬曹成公。

夏，衛孫林父帥師伐齊。

秋，七月，辛卯，齊侯環卒。

晉士匄帥師侵齊，至【百五】

（後缺十八葉）

廿四[一]

四、襄公二十六年至二十七年

（前缺十八葉）

公會晉人、鄭良霄、宋人、曹人□□□[二]。

□[三]，**宋公殺其世子痤。**

晉人執衛甯□[四]。

□□[五]**，壬午，許男甯卒于楚。**宣九年九月「辛酉，晉侯黑臀卒于扈」，傳曰「其日，未踰竟也」。此乃在楚，何以日邪？隱三年「八月，庚辰，宋公和卒」，傳曰「日卒，正也」。許男卒于楚，則在外已顯，曰卒，明其正。

冬，楚子、蔡侯、陳侯伐鄭。

葬許靈公【百廿四】。

二十有七年，春，齊侯使慶封來聘。

夏，叔孫豹會晉趙武、楚屈建、蔡公孫歸生、衛石惡、陳孔奐、鄭良霄、許人、曹人于宋。

衛殺其大夫甯喜。稱國以殺，罪累上也。甯喜弒君，其以累上之辭言之，何也【百廿五】**？嘗爲大夫，與之涉公事矣。**鄭嗣曰：「若獻公以喜有弒君之罪而殺之，則不宜既入以爲大夫而復殺之，明以他故。」**甯喜由君弒君，而不以弒君之罪罪之者，惡獻公也。**獻公即衎也。□□□[六]：「書甯喜弒其君，則喜之罪不嫌不明。今若不言喜之無罪而死，則獻公之惡不彰。」

衛□□□【629-630】**專出奔晉**[七]。**專，喜之徒也。⍁**【百廿六】[八]**，何也？已雖急⍁**[九]**，是亦弒君者⍁**[一〇]。**⍁有是信⍁**[一一]。⍁惡也[一二]。**（後缺）**

〔一〕「廿四」爲墨拓殘片，兩字字徑與蜀石經大字接近，附於《穀梁》襄公十八年至十九年殘拓後，恐非《穀梁》紀年，因據下文「二十有七年」之例，若爲紀年當作「二十有四年」。

〔二〕唐石經、余本、十行本「□□□」作「于澶淵」，唐石經「淵」作「淵」。

〔三〕唐石經、余本、十行本「□」作「秋」。

〔四〕唐石經、余本、十行本「□」作「喜」。

〔五〕唐石經、余本、十行本「□□」作「八月」。

〔六〕余本、十行本「□□□」作「鄭嗣曰」。

〔七〕唐石經、余本、十行本「□□□」作「侯之弟」。

〔八〕唐石經、余本、十行本「⍁」作「專之爲喜之徒」。

〔九〕唐石經、余本、十行本「⍁」作「納其兄，與人之臣謀弒其君」。

〔一〇〕原拓此處闕文蓋既有大字亦有小字，唐石經、余本、十行本大字作「也」。專其曰弟，何也」，余本、十行本小字作「據稱弟則無罪」。

〔一一〕唐石經、余本、十行本前「⍁」作「專」，後「⍁」作「者」。

〔一二〕余本、十行本「⍁」作「言君本使專與喜爲約納君，許以寵賂。今反殺之，獻公使專失信，故稱弟，見獻公之」。

石經文獻集成

虞萬里　主編

王天然　編著

蜀石經集存

春秋穀梁傳

圖版目録

春秋穀梁傳卷六卷八卷九

春秋穀梁傳卷九

宋拓蜀石經春秋穀梁傳第八第九卷

陳寶琛爲
健之老弟題

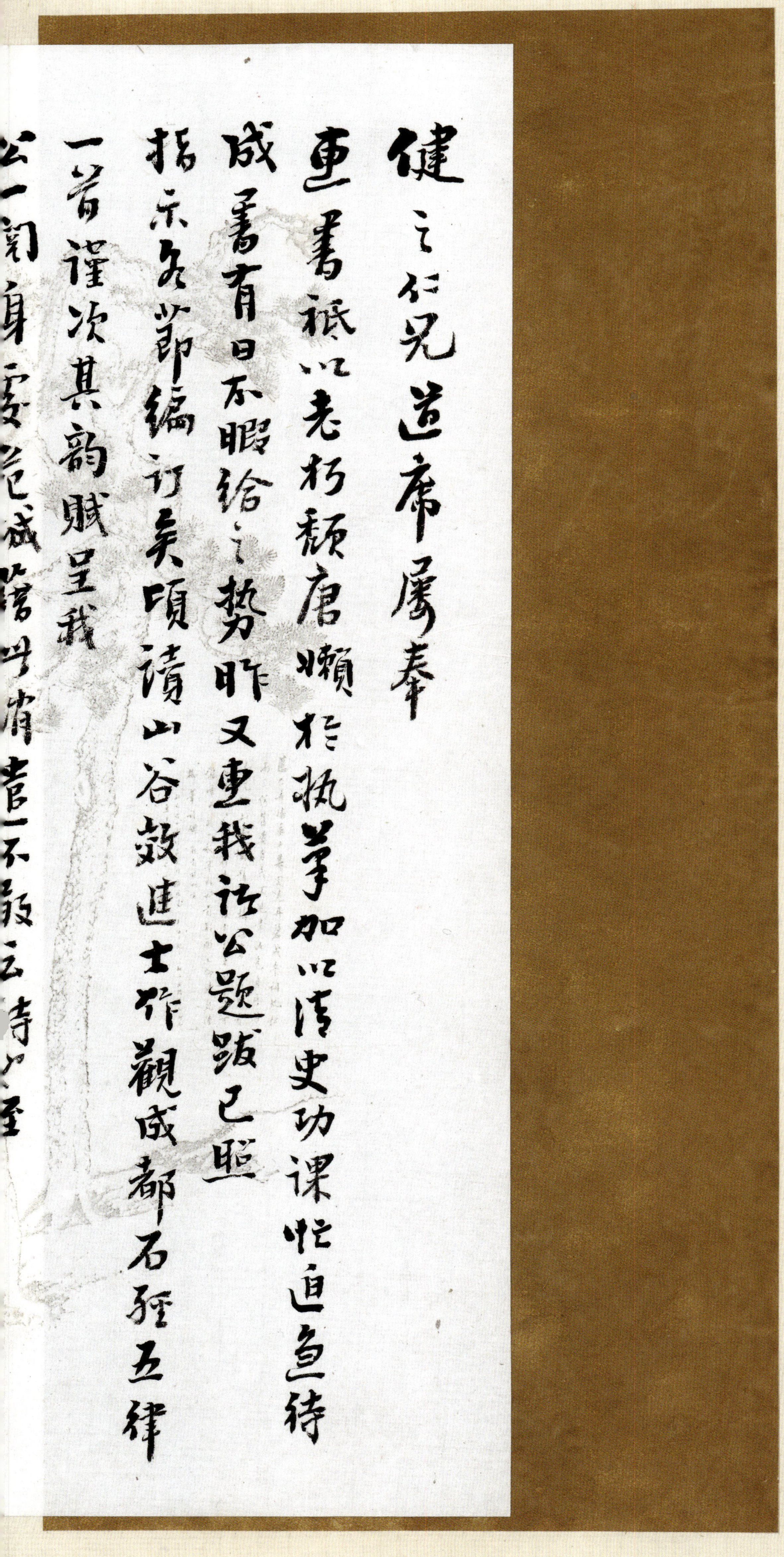
健之仁兄道席屬奉
惠書祇以老朽頹唐懶於執筆加以清史功課忙迫急待
成書有日不暇給之勢昨又惠我請公題跋已照
指示各節編訂矣頃讀山谷效進士作觀成都石經五律
一首謹次其韻賦呈我
公一閱身處危城[illegible][illegible]不敢云詩也至

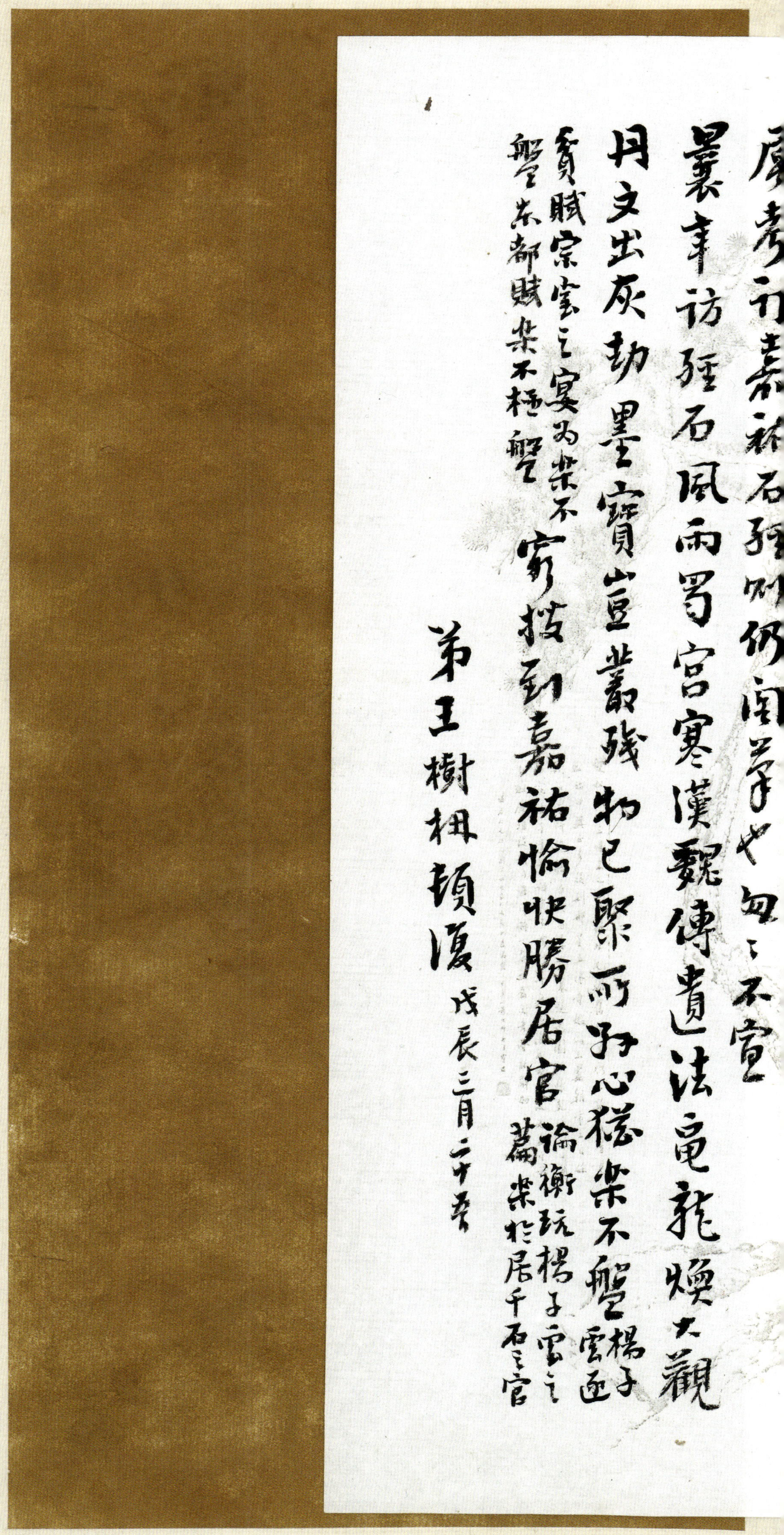

屢奉示索裱石經似聞學也匆匆不宣

曩年訪經石　風雨蜀宮寒　漢魏傳貴遺法　寵龍煥大觀

丹文出灰劫　墨寶豈叢殘　物已聚所好　心猶樂不饜楊子雲匝

賓賦宗室之宴為樂不盤東都賦樂不極盤

窮披到嘉祐　愉快勝居官論衡玩楊子雲之篇樂於居千石之官

弟王樹枏頓首　戊辰三月二十四

蜀石經盦圖
乙丑清和爲
健之仁兄作 弟汪大燮

蜀石经齋圖
健之仁兄雅令
伯唐弟汪大燮

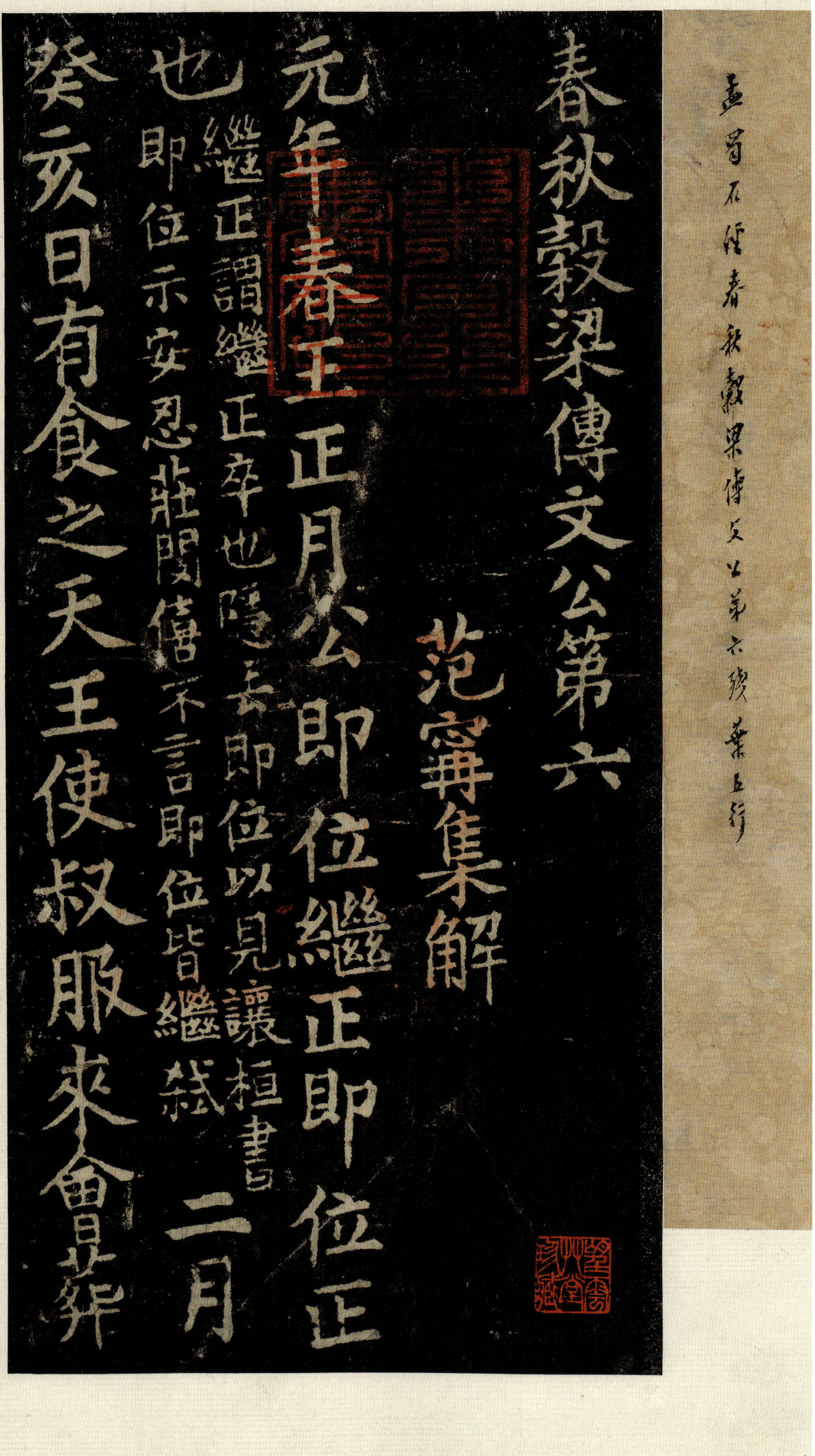

孟蜀石經春秋穀梁傳文公第六殘葉五行

春秋穀梁傳文公第六

范甯集解

元年春王正月公即位繼正即位正也繼正謂繼正卒也隱桓即位以見讓桓書即位示安忍莊閔僖不言即位皆繼弑二月

癸亥日有食之天王使叔服來會葬

孟蜀石經原石久佚僅明内閣存拓本全部見文淵閣書目及萬曆間張萱撰内閣書目尚
完全無闕萱所撰疑耀亦記之甚詳 本朝藏書家僅見毛詩殘卷金陵陳雪峯明經曾
據橅本鋟本嗣閩江陳氏漢軍楊氏藏周禮左傳穀梁殘卷展轉歸廬江劉氏曩曾寓
目前均有東宮書府朱印此文公殘卷僅存首五行亦有此印知三經亦為内閣佚出者人間
殆無二本也予此本得之大庫殘籍中先是滿洲某君亦得穀梁殘卷數十行于内閣大庫
健〻先生既已重金購歸擬寫影以傳之移書乞此五行因題後以歸之丙寅仲夏羅振玉記

東宮書府印古書畫中不甚經見惟傳世南唐二主詞阮郎歸詞下注呈鄭王十二弟後有隸
書東宮書府印攷南唐二主詞係南宋高孝間人從真迹輯錄則東宮書府印一印書自是汴宋
之物此拓此印乃篆書與後主阮郎歸詞後隸書印不同然當是一時之物蜀石經並有此印當
是北宋拓本矣丙寅仲夏海甯王國維書於析津旅次

宋拓蜀石

經春秋穀

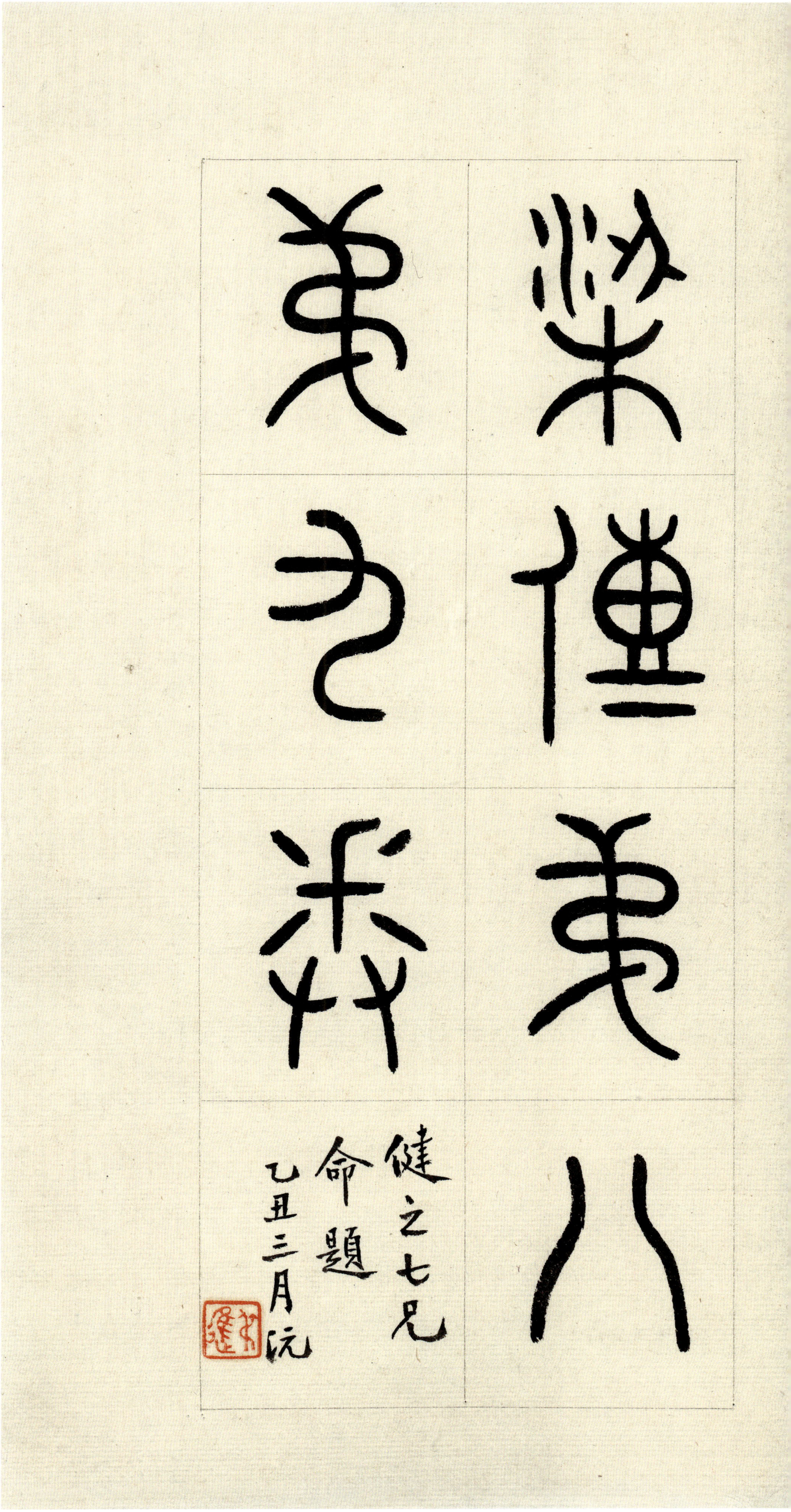
健之七兄
命题
乙丑三月沅

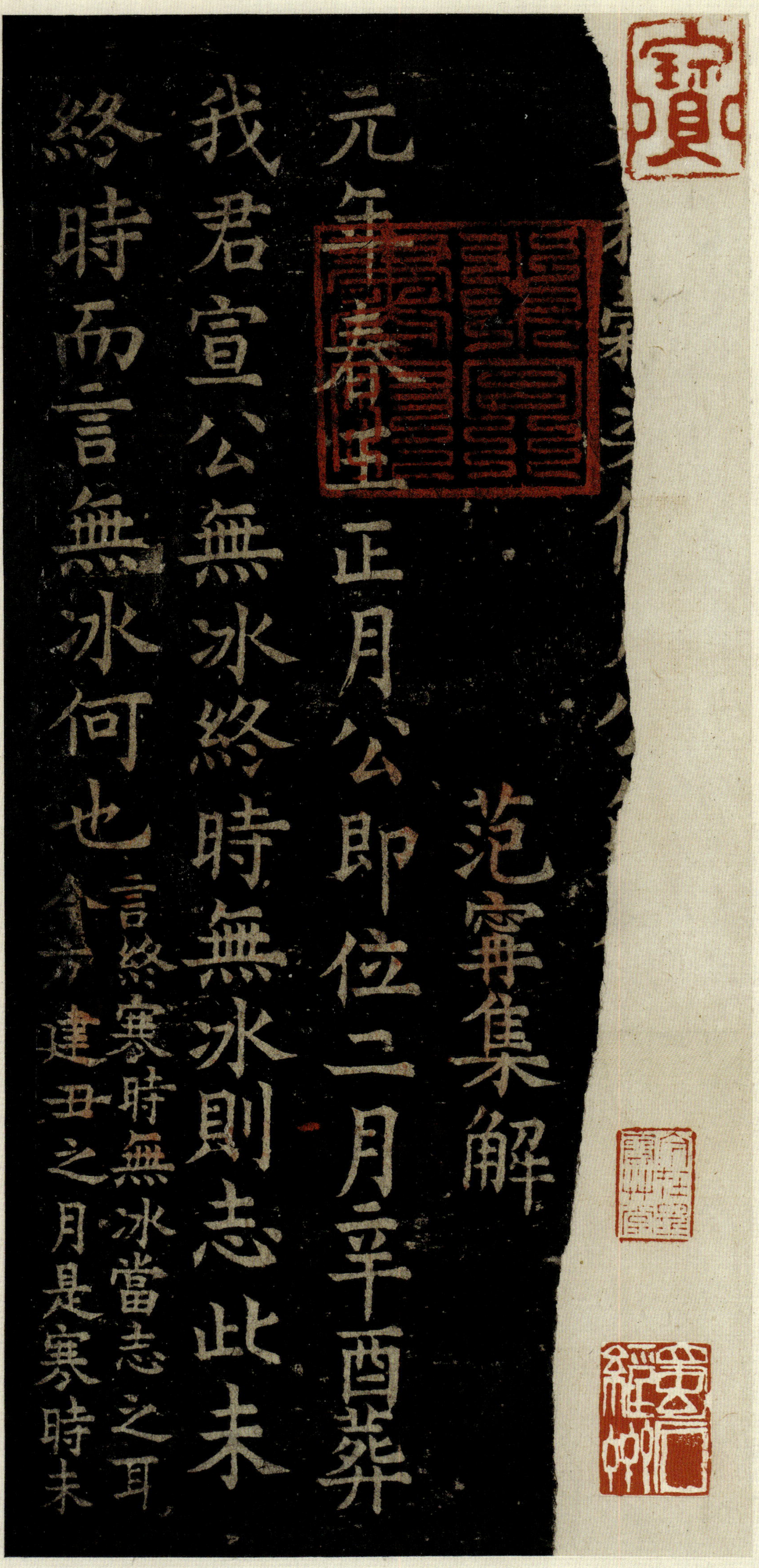

秋穀梁傳成公

范甯集解

元年春王正月公即位二月辛酉葬

我君宣公無冰終時無冰則志此未

終時而言無冰何也終言終寒時無冰當志之耳建丑之月是寒時未

終終無冰矣加之寒之辭也周二月建丑之月夏之十二月也此
月既是常寒之月於寒之中又加甚常年過此無冰終無復冰矣三月作丘甲周禮九夫
為井四井為邑四丘丘十六井甲鎧也
作為也丘為甲也使一丘之民皆作甲
丘甲國之事也丘作甲非正也丘作甲
之為非正何也古者立國家百官具農

工皆有職以事上古者有四民有士民學習道藝者有商民通四方之貨者有農民播殖耕稼者有工民巧心勞手以成器物者夫甲非人人之所能爲也各有業也丘作甲非正也夏臧孫許及晉侯盟于赤棘赤棘晉地秋王師敗績于貿戎貿戎地

不言戰莫之敵也爲尊者諱敵不諱敗諱敵使莫之也不諱敗諱敗容有過否爲親者諱敗不諱敵諱敗惜其毀共也不諱敵諸侯有列國尊尊親親之義也尊則無敵親則保全尊謂王親謂魯然則孰敗之晉也冬十月季孫行父秃晉郤克眇衛孫良夫跛曹公子手僂

同時而聘於齊齊使禿者御禿者使眇者御眇者使跛者御跛者使僂者御僂者（御音迓迓迎也）蕭同姪子處臺上而笑之（蕭國也同姪也姪子字也其母更嫁齊惠公生頃公宣十二年楚人滅蕭故隨其母在齊）聞於客客不說而去相與立胥閭而語移日不解（胥閭門名）

齊人有知之者曰齊之患必自此始矣穀梁子作傳皆釋經以言義未有無其文而横發傳者甯疑經冬十月下云季孫行父如齊脱此六字

二年春齊侯伐我北鄙夏四月丙戌衛孫良夫帥師及齊師戰于新築衛師敗績新築衛地六月癸酉季孫行父臧孫許叔孫

僑如公孫嬰齊帥師會晉郤克衛孫
良夫曹公子手及齊侯戰于鞌齊師
敗績（鞌齊地）其曰或曰日其戰也或曰日
其悉也（悉謂魯四大夫時悉在戰也明二者皆當日）曹無大夫其
曰公子何也以吾之四大夫在焉舉其

石經踵刻開成體孟蜀書逾汴宋道各抱殘編詩
得寶廬江劉壓貴池劉（聚卿藏嘉祐石經四冊）
左癖千金換得來此行又載穀梁回遍收斷爛成
三傳整本應堪補相臺

健之世老弟收藏蜀石經家影六年前得左傳三冊於都下頃來又得穀
梁傳五冊立願欲盡海內所有歸于其齋物聚所好有志竟成
跂予望之索詩志喜為拈二絕俚俗塞責而已

乙丑四月二十四日寶琛

會晉人鄭良霄宋人曹人
宋公殺其世子座晉人執衛寗
壬午許男甯卒于楚〔宣九年九月辛酉晉侯黑臀卒于扈傳曰其日未踰竟也此乃在楚何以日和隱三年八月庚辰宋公和卒傳曰日卒正也許男卒于楚則在外已顯日卒明其正〕
冬楚子蔡侯陳侯伐鄭葬許靈公

二十有七年春齊侯使慶封來聘夏
叔孫豹會晉趙武楚屈建蔡公孫歸生
衛石惡陳孔奐鄭良霄許人曹人于
宋衛殺其大夫甯喜稱國以殺罪累上
也甯喜弒君其以累上之辭言之何也

嘗爲大夫與之涉公事矣鄭嗣曰若獻公以喜有弑君之罪而殺之則不足既入以惡大夫而復殺之明以他故甯喜由君弑君而不以弑君之罪罪之者惡獻公也獻公即衎也書甯喜弑其君則喜之罪進不嫌不明今若不言喜之無罪而死則獻公之惡不彰衛專出奔晉專喜之徒也

何也已雖矣
是亦弒君者
有是信
惡

右宋皇祐田況補刻春秋穀梁傳弟八弟九卷存經注九百四十二字本內閣大庫物後歸滿洲彥悳君余習聞之今年託朱君幼平以重價買得年來食無餘貲居無定宇猶揮斥鉅金可謂玩物喪志矣客中多暇以唐石經校經古者有四民唐石經作巳避太宗諱二十有七年唐石經作廿有七年以遵義黎氏

古逸叢書影刻紹熙本校注四丘紹熙本作四邑為丘石經誤脫邑為二字餘無異文舊藏春秋左氏傳弟十五卷首葉有東宮書府印此本首葉印正同上虞羅氏買内閣大庫殘籍檢出穀梁弟六卷首葉五行亦有此印可知世間別無他本今日獲此仍冀異日再有所得也乙丑三月廬江劉體乾跋

熹平經刻石早亡二三播本隸不咸魏家三體
字尤劣純用楷法肇開成叶唐人干祿字書體
九經刻石字清明叶沿及孟蜀事仿刻校勘先
正句與章石經自廣政元年起先訂章句廣政七年春三月模丹上
石開工場先刊孝經次論語又次爾雅皆同行繼
成易書毛詩禮春秋三傳及公羊蜀鐫左傳十
七卷餘皆宋繼同穀梁畢工皇祐元九望衆經

乃立學宮傍經文六十萬字弱注字八十三萬强

諸經惟爾雅及後刊孟子不載經注字數餘均詳載經文共
五十九萬七千二百四十六字注共八十三萬零二百六十二字

最後入石

有孟子席旦彭慥合就將

宋宣和五年蜀帥席旦
暨運判彭慥方入石

更鏤

古文尚書版公武取之呂大防

古文尚書呂大防得之於宋次
道王仲子家元豐五年壬戌鏤
版乾道六年庚寅
晁公武取以入石

書手鐫工名姓在武孫周陳與諸張

書手張德釗孫逢吉又作朋吉張紹文周德貞張大國鐫工
陳德謙武令昇張延旟陳德超

或為僕射或為

令

孝經爾雅皆右僕射毋昭裔置
石平泉令張德釗書丹

或為博士校書郎

指周德貞
張紹文等

一百一十又二禩全碑告成追漢唐（蜀廣政元年肇始至宋皇祐元年九月十五訖工）字體清謹刀法正（宋洪邁謂孟蜀石經字體清謹有正觀遺風）千歲猶發墨花香廬江公子雅好古石經搜羅勤收藏先得公穀及周禮後收左傳尤精良經注五萬餘千字富有乃過陳（芳林）趙（晉齋）黃（松石）題室名曰蜀石經徧求名達密商量我昔偶見尚書本（堯典一篇經注皆全）乃在魏子鶴山莊此物不知歸何所會當亟求

山之陽更聞尚有藏經在庋置劉君雲門房（鄉人劉雲門藏有詩經至今未能寓目）閟守不肯輕示人頗欲同君較短長此經箸錄始宏父（宋曾宏父纂述石刻鋪敘記載益都石經最詳）何（焯）錢（大昕）翁（方綱）桂（馥）考證詳杭州御書已殘跋（紹興御書石經秦檜所鐫曾見殘本大學）嘉祐二體亦荒涼（嘉祐篆楷二體石經亦見尚書數行）宋紙宋墨那易得錦贉檀匣宜裝潢此經尚得留人世願君寶重同琳瑯安得蜀中息征戰偕君再訪石經堂

蜀石經立碑之處名石經堂陸務觀訪楊先輩不遇因至石室落句云出門還惝恍到屋打碑聲自注墻東即石經堂詩作于淳熙四年

健之學長以舊藏蜀石經冊子屬題率成

七古一章鈔請

兩教乙丑四月弟蕭方駿蟄公初稿

蜀石經齋記

魯殿發藏斯珍秘簡鴻都鐫石以牖儒行經有專授學以迪躬非誇龍威之奧難次之博也吾蜀石經泐自孟氏時閱千載散佚無徵昔

廬江劉文莊公帥蜀 祺受經石室列籍弟子禮堂淂謁髙賢上舍有愧張將於石經搨本未之淂見 健之為 文莊公令子勵下帷之餘嗣傳家之学安世默識三篋韋賢早授一經酷好石經不辭搜討先後購淂蜀石經左傳卷十五計五十二葉半周禮卷九卷十計七十五葉半穀梁卷九二葉陳芳林所藏

左傳三葉繼又得周禮卷十二公羊卷二共獲非一時價逾千
金遂以蜀石經名其齋汲古得肘思齋自昔國步既更秉節
從戎羈迹東川再帥全蜀遇蘇瓌之舊當如元將之相代以經術
飾吏治寄篤好於平生 文莊公之澤感人深遠 德之崛起
益宏厥緒能刻以蜀石經名齋示不忘蜀抑蜀之人士所不能忘也
甘棠茇舍於此求之乙未祺與 德之同客都下屬為作記適賦
南征未及握管乙丑復晤於京師日月易得寒燠七更為責宿諾
不忘久要并告以又得穀梁殘本十葉其焠掌之專食蘖之富雖
在經生弗克齊匹嗟乎貞石易零似襮久涵洛陽碎沙鄴都

汶水隋宮用為礎柱，周軍毀為礮石，貞觀務古，祇得數段，常
山作志，第列空名。求如張燾之十似晉王之小塊，麟之騏驥一毛，神
龍片甲，洵難遘矣。健之勤探索於劫火之餘，廣蒐集於行役之
際，胸懷豁卓，紳佩有循，考蜀之石經刻於廣政七年，周禮為
孫周吉書，左氏不列書人姓名，公穀二傳為宋田況補刻。健之所
藏應是原搨。張俞謂孟氏好文，楊慎稱後蜀多士，迺年兵燹迭
震，哉干戈，求如十黃三白之歌、數重花外之詠，已渺如天際，未卜何時，
更何論宗命作堂席氏補刻耶。祺學殖久荒，華年已晚，實愧貞
健之教，陳勉作邯鄲之學步。華陽高祺謹記。中華民國乙丑四月

蜀石經齋記

共和紀元之十有四載歲在乙丑暮春之初廬江劉健之使君重莅都門卜城南之幽居過西軏之隘巷惠風彌暢同唫脩禊之詩舊雨既來漫廣絶交之論相与感嘆時事陶寫性情借青史以澆胸指白水以誓抱籀浚長九千字義析江河飲謫仙三百杯腸餘芒角蠹魚之食殊俗嗜之酸鹹鷓鴣孤飛瑜

詩史閣

一

杏僑之開適一日酒半言曰余所藏蜀石經拓本子既為題相梁體詩四十五韻矣近者余構一精舍即以蜀石經為齋額況有舊君宸翰彌增蓬户寵光地邇瑯嬛書陳宛委鳥革成室聊供汗青之儲虹輝燭天待撰飛白之記子其為我記之余避席唯唯溯夫五季傚擾之世已值九州鼎沸之時郫鄠之重器屢遷洛汭之坟車消歇巍巍茲西蜀屹乎中流壽經訓

詩史閣

二

於岡陵斠注文之同異夏書作乂魯論舉
隅說可兩存旨原一貫化隆菁沚廷臣競出
私財意寫黍離唐諱猶從缺筆蘭泉樊榭
箋釋忘疲龍泓兔牀瀹疏就軌芳林則得諸
蓀里晉齋則寫授梓人異字可别魯魚豕
本有如星鳳物聚所好憶永叔之名言鮮經
不窮證考亭之集注健之使君綆叻汲古
亭築閣奇校經無間於晦鳴得寶似由於神

詩史閣

三

助官禮既字逾二萬言經亦數越七千公穀晚出名稱宜從主人陳頌南楊易雲舊藏身後欣逢知己觀閱白虎峙魯殿之靈光劫歷紅羊闕孔庭之絲竹良由濡染家學發揚國華錦城鳳樹甘棠玉壘曾隨旌節渡河證史孰知己亥之譌束帶授經屢修庚子之拜長興鏤版能辨烏焉熹平失碑久語故實詩富題襟之集譚藝賓臨易符盍簪之占析疑友萃洵

詩史閣

四

晚年之至樂亦通德之休徵惟是辛壬以還
迭遘陽九之厄天澤易位殺牛或敢為尸干
戈耀鋌封豨不聞鑾蹕祖龍嫡餤戎馬生郊
民困甚於鴻嗸經生埋其駿骨棲賢山畔石
龕半付劫灰顯慶陵中漆簡莫搜逸字詩
標新體聚星之堂已蕪天喪斯文扶風之帳
誰啟將落共淪於荆棘其亡孰繫於苞桑
辟廱喋鐘鼓之聲新亭隕河山之涕千鈞一

詩史閣

五

髮帳墜緒之飄蕭八索九邱歎德音之寥
寂竹素嚶鳴之好願矢平生松柏歲寒之盟
相期耐久健之使君倘与下走有同感乎是
為記

師鄭弟孫雄初稿

詩史閣

六

廬江公子蜀石經歌

史籀十鼓椎不敗熹平邕書無一在蜀人伐石規太和禮殿千年嶽光恠三經斷楮乾嘉藏武林學舍毛詩黃松石自左傳陳芬林夏官趙晉齋中間喪亂更洪楊廬江公子何神力道咸以後重蒐得四經四萬七千言樊榭龍泓不曾識禮經公穀左春秋陳書再出亦相投迎經釋菜禮未畢

歲逢金豕沈神州蜀經初刊從
廣政百十二年皇祐竟艱難刻
畫尚刦灰鐔墨長年豈非幸前
歲宣南相過從君出蜀經索長歌又示兩公孫
文課今年再遇益龍鍾君叅合肥會議余方
杜門臥病再辱強起擁彗遠責循諸蓬萊藏室一
神往滄海桑田百感同君家
先勳冠淮泗節旄晚歲經堂至
當年越石坐中人 先予盧諶
故從事百年喬木漸無存四海

干戈白晝昏先疇舊德未淪替
禮樂明堂得再論干戈禮樂由
人致經神無恙安巾笥幸有公
孫兩鳳雛他年好付行中秘典
午當塗過眼俎抱殘守闕信吾
徒怨憶曹倉李為政君所藏經先為吾湘
李六元有李與余先後一科鄉舉湘綺先師嘗目為李為政夏
不觚甎媿蕭齋夏不觚
健之老兄學長正
壽田呈艸

攷古及刊經泐殘不爲病一字與三體辨說久成案熹平迹
早湮正始石僅剩太和故未刊搜及蜀廣政五季數霸朝
好文推李孟昶尤能笑昇祇能作小詠毋相他無傳勒
經其手定不徒出家錢羣書付雕印溯當刱造年實
始晉開運（石經刻始蜀廣政七年實晉開運甲辰）初劉祇十經制作猶未盛書者
實五人不獨平泉令（書者實張德釗孫逢吉張紹文周德貞孫朋吉五人十國春秋毋昭裔傳僅屬之德釗殊漏略）
迨宋皇祐初公穀始刊正宣和補七篇全經工迺竟計其
程功艱百年閱癸更（曾弘父謂廣政元年肇始之日至皇祐元年訖工已歷一百一十二年又七十五年宣和五年癸卯）

始湊鐫孟子成胡爲校唐刊差謬亦已甚三百有二科致煩鄭齋訂宋乾道中晁公武取蜀石經校唐版本經文不同者三百二科箸石經攷異刻石其石訖宋亡何年佚已盡歷元明兩朝論定到楊慎頼爲泛濫詞難作石存證楊升菴輩於蜀石經泛論大掀大都未見石本錦里傳新編輿地志名勝偶云得斷珪後人孰從聽越清八百年殘編出忽迸煌煌三家藏蒼後若輝映紅羊一炬餘蕩焉已成燼已上皆據原跋公從何處來忽得奇寶訊不惜蠲巨金三經竟合併四萬六千言字字資攷鏡高齋署蜀經海内無其並我聞考亭

翁魯論詳故訓中引石經文據此爲徵信朱子論語集注引石經者即謂蜀石經惜哉令不存無由備參證賴公寶此本護若羣經命下以正賈孔上以匡服鄭

乙丑春

健之道兄先生屬題蜀石經拓本草草應

命即乞

教正

漢陽周貞亮未是草

展瑤函霸業騰遺經光氣射蒼
城任金戈鐵馬君王好古汗簡長
青十萬降旗偏壓騎火歎縱橫
片石銅駝下鐔蠋無聲漫詡
蓬萊珍貴笈藏家享帚斷殘
書籤問蒲津祖刻千載墨華

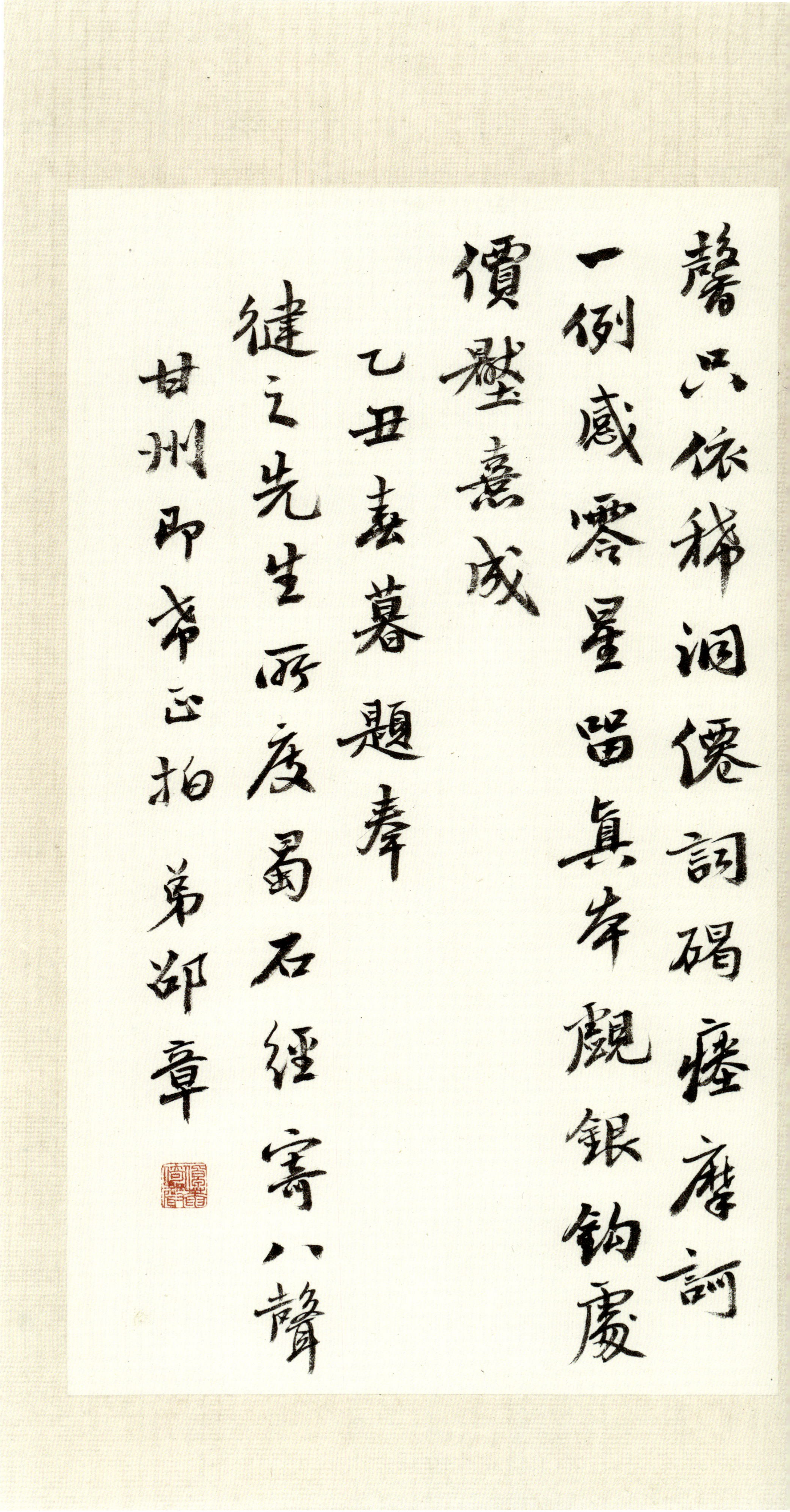

聲只依稀洞僊詞碣瘞摩訶
一例感零星留真本覷銀鈎處
價埒熹成
乙丑春暮題奉
健之先生所度蜀石經寄八聲
甘州即希正拍 弟邵章

石經惟蜀刻有注廬江劉君健之得其殘葉百八十爲攷四卷自亭林季野暨乾嘉道咸諸老所說罔弗具可謂詳矣昶以爲是經始晁公武爲作攷異朱子集注論語亦有取焉范氏至能王氏伯厚迭稱道之要皆南宋人耳歐趙並未箸錄且春秋三傳至皇祐元年始畢工洪容齋稱其字體精謹殊不逮前宜乎東都諸儒之慭置之而惟致意於漢魏石經也雖然趙明誠不得熹平遺字洪文惠不得正始三體石刻無以判決後漢書儒林傳之疑昶今亦有疑於范書焉蔡邕傳釋誨云速速方轂夭夭是加章懷注引詩小雅夭夭是椓毛萇注夭殺也椓破之也與今毛傳不同金壇段氏謂錢唐張賓鶴見蜀石經夭夭作

夭夭與伯喈文同汪胡氏詩後箋侯官陳氏詩異文攷及家元伯先生毛詩傳箋通釋並述其言竊考乾嘉道咸諸家收石經者詩止二南邶風絕無小雅節南山之什張氏何從見之又北宋劉貢父兩漢書刊誤據監本詩文謂蔡伯喈文上夭字當作天是豈貢父當日未攷蜀刻邪抑張氏所見者果有出於金石諸家之外也近人長沙王氏集解後漢書既不引段氏說而竟云夭夭出詩三家豈謂伯喈如熹平石經用魯詩與而攷三家遺詩者概未之及即嘉興馮氏蜀石經攷異亦未之及也故昶昔撰詩毛氏學疑之而盖闕焉劉君如再求得此石拓本以判決斯疑不更為藝林快事邪

乙丑莫春桐城馬其昶跋合肥李國松書

健之都護得蜀石經殘卷海内傳為希世之寶者
珍同球璧徽言及於下走竊嘗聞之石經凡七蓋蜀
所刻經注並列最稱精善迥出魏正始三體石經上頗
魏刻世尠傳本近歲始有尚書左傳殘石三段見於
雒承學之士詫為奇遇椎拓爭購紙為之貴有昧昧
者震其名聞房山巖洞中有石經不可數計遣卒

但徒取斧之鑿之斷則棄之輦十餘石歸倩解文字之人視之非是嗒焉若喪而隋俗所刊佛經毀矣夫稽古志士也玩古雖人也乃因以究及象教而國中學子固屏棄經傳不復寓目是何慎與自來僭偽惛亂之極莫五代若而孟昶有文學其下復饒文士故能尊經逐成鉅製以貽之宋今之昧昧者乃併昶之不若矣述

此與健之同發一喟若此帖收藏之源流文字之考
訂諸公言之已詳亦非不學所能知也
乙丑閏四月望嘉善曹秉章書

策勳舊府桃符呈人材籤線皆公卿摩訶春池駕
衾夢刋經太學徒咲名金相輪壞成都亂猶出孤
拓如寒瓊乃知不朽在文字紙墨況以六籍為干城
三經昔寶陳黄趙楊氏忽藉大力資合并　健之作健
抱殘本神物所孎明窓明我生苦晚受傳訪遺
際冦盜倖熹平石經國子罕請肆絃誦近復空
庠黌與　君昔同府中客別後幾換長安枰五
年一諾盛索踐謀向顧所牆隅檠自言穀梁有
購新獲購買斷缺憑精誠磨手頻歲避蜀道

議瓜隨處悲秦阮閒 君抱此將安適康回正使東
南傾 君言齋居意廣大膝下犀玉誇豐盈披圖
或呼任氏苑傳世不鑿晏君極亂離廣政漫比擬
中有萬古啼鵑情酬 君此詩坐歎息世兒碌碌
求金籯

敬題蜀石經齋圖即乞
健之先生正句

秋岳黃濬 乙丑閏月

成公 元年

又加甚 阮文達校記云閩監毛本作又如加甚余本無如字案疏兩引皆無如字余本是也 蜀石經亦無如字

襄公 二十有七年

若獻公以喜有弑君之罪 阮文達校記閩監毛本公作入余本入作公 蜀石經亦作公

而復殺之 阮文達校記閩監毛本復作得何校本得作復案釋文出而復作復是 蜀石經亦作復

乙丑中伏

劉體乾

羣經傳刻石先木石木並行始於蜀鳳毛麟
角大字本朽蠹文淵散天祿蠟渝氈敝傳更稀晚
出陳黃初著錄廬江使君雅好古蠹沒菑畬同帝
蘇乃三十葉五千字碣浦傾囷出珠玉大文照代炳星
日經兼周官傳左穀卅年偏霸等閒耳初政恭勤農
銀煌穀耕勸穡敕諸吏常有民膏爲爾祿惟朝乎
毋昭裔奏雍都舊典孟能續千秋謚曰右文主焉

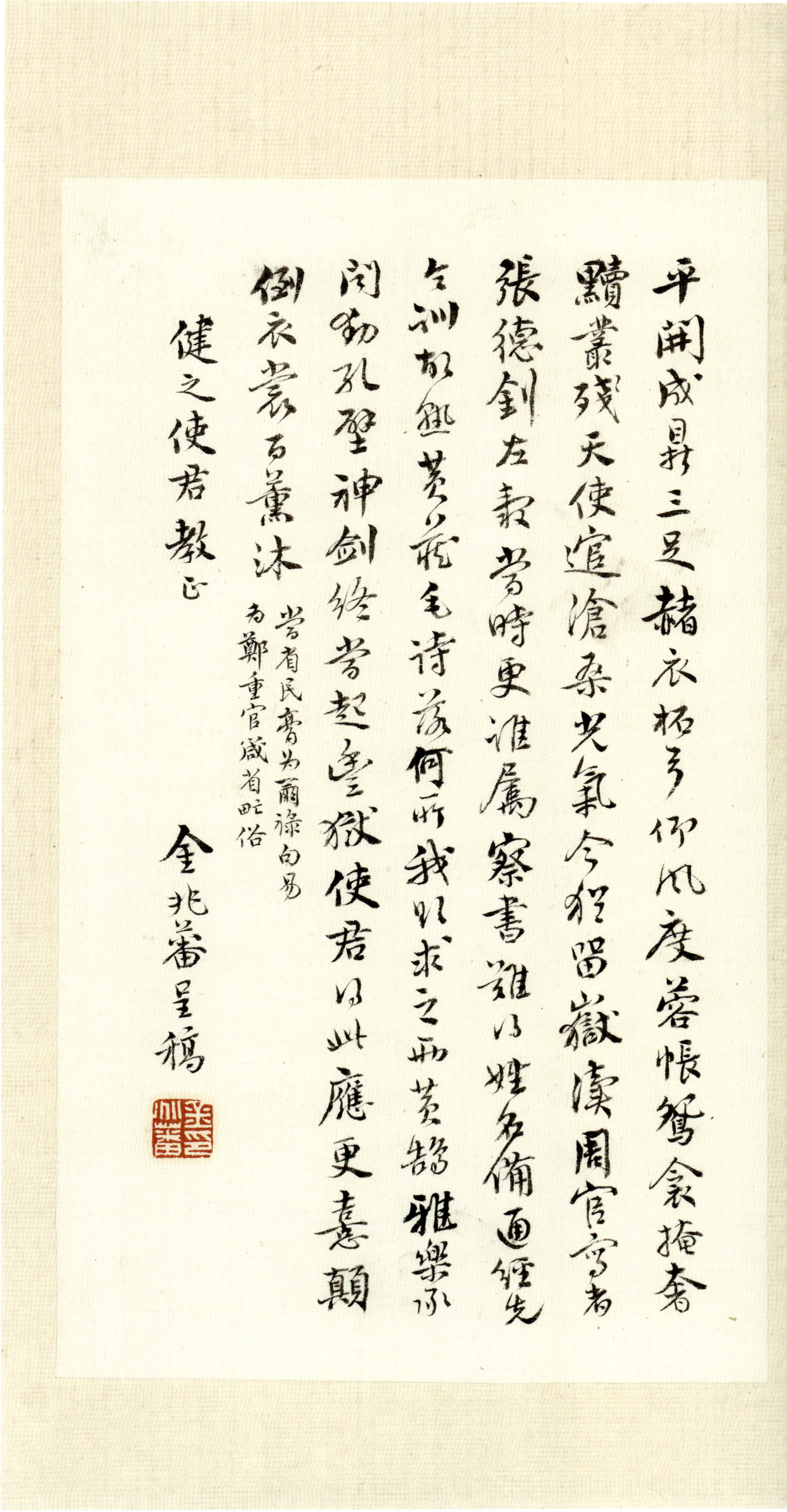
平開成昴三足赭衣杯多仰風度蓉帳鴛衾掩香
黷叢殘天使追滄桑光氣今猶留嶽瀆周官亭者
張德劍左叔當時吏誰屬察書雖以姓名備通經先
今訓故繼黃花毛詩後何所我以求之而黃鍾雅樂承
閔勒孔壁神劍終當起豐獄使君以此應更喜顛
倒衣裳日薰沐
當有民膏為爾祿句易
為鄭重官箴首貽俗
健之使君教正
金兆蕃呈稿

劉君健之研經嗜古，覓得蜀石經周禮左公穀三傳拓本數卷或數頁，雖屬殘缺，而吉光片羽已越九百七十餘載，洵堪寶貴。命題數語，勉賦俚句，用誌眼福，尚祈郢正。

乙丑季秋世小弟陶葆廉呈稿

廣政九經開蜀中，清謹頗有貞觀風。洪文敏語　賢哉丞

相毋昭齋輸財百萬營學宮旨左未半田洗補
攷辨已竟西江洪後來嘉祐逮光堯篆楷詎似
熹平工　廬江公子緣在蜀已窺井絡兩甬戎載書出
雨返舊業晚乃搜討山川窮四經左箴祕不傳青雲乃見
居甬東世傳何少嘗穿鑿穆本或攷贅壹蒙抱此殘編
資審訂晁心考異將毋同　庭前書帶添蒼翠
問字踵門爭推崇

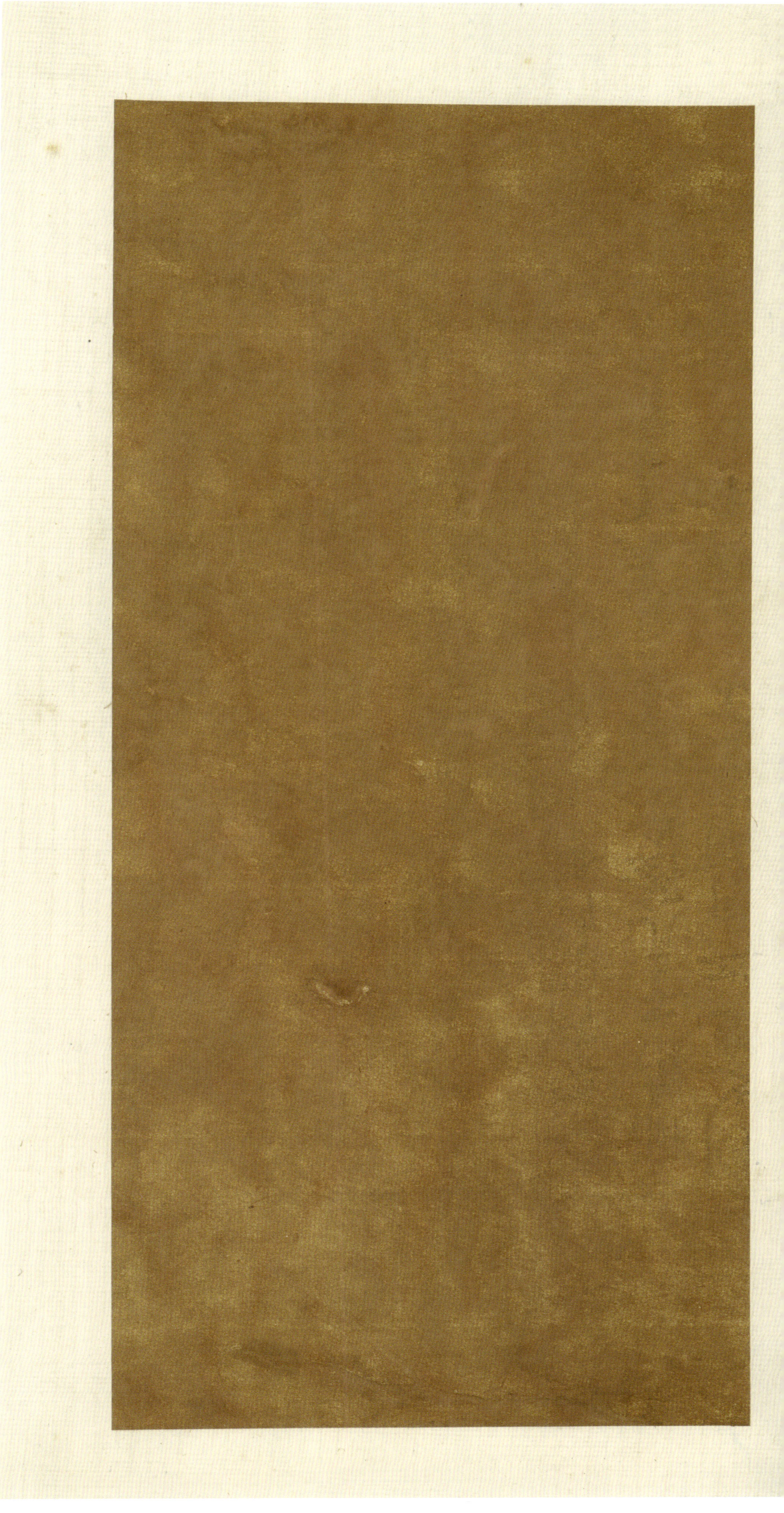

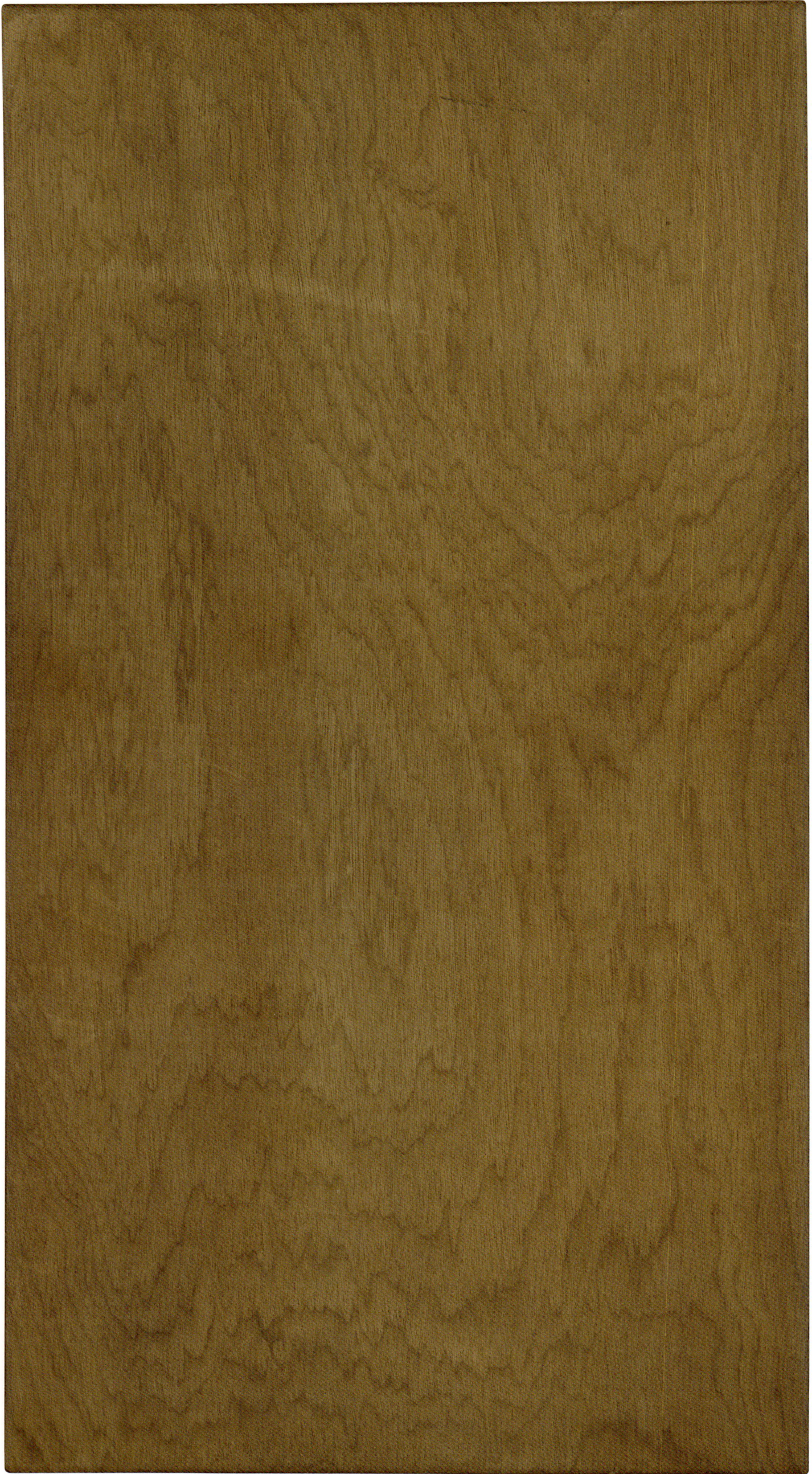

宋拓蜀石經穀梁第九

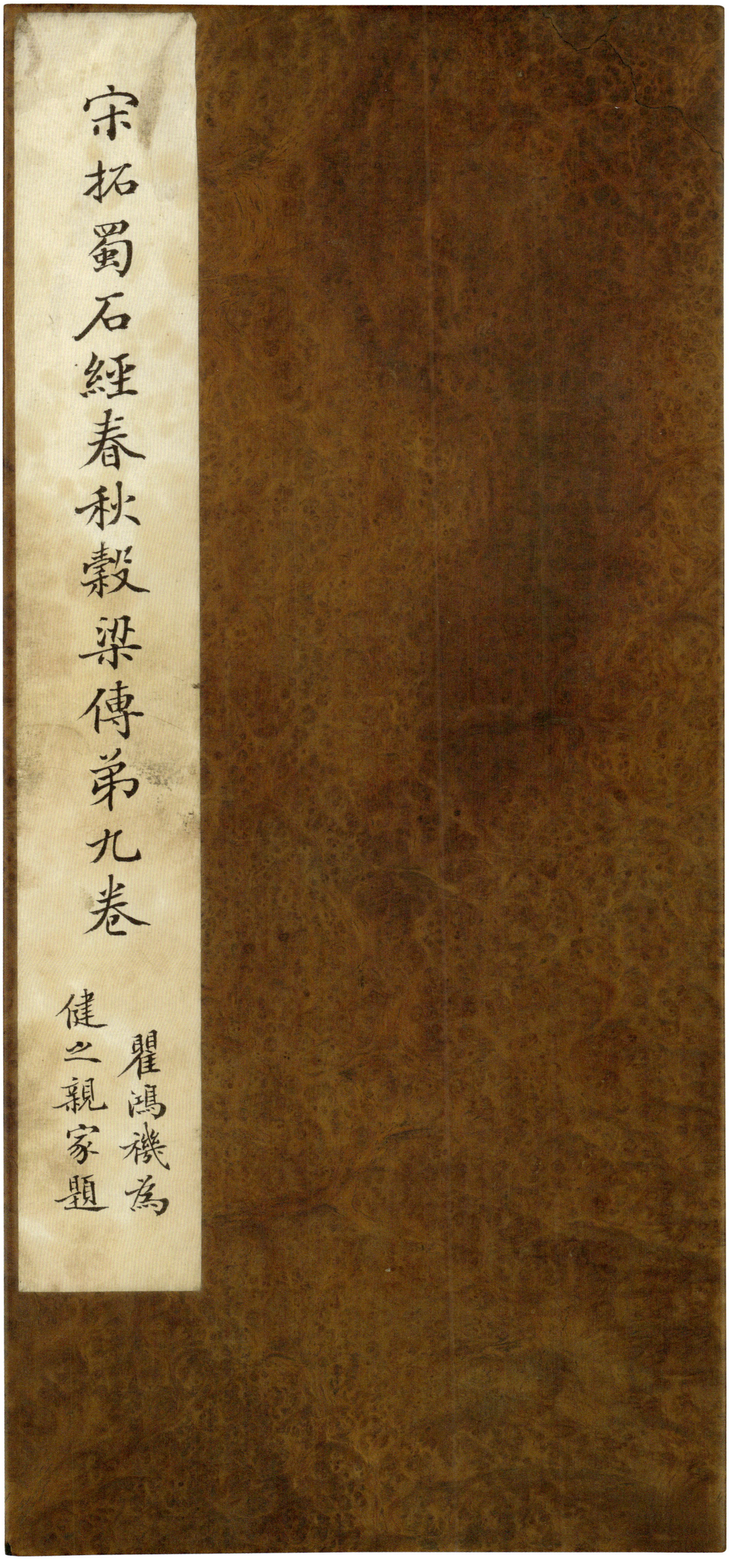
宋拓蜀石經春秋穀梁傳弟九卷
瞿鴻禨為
健之親家題

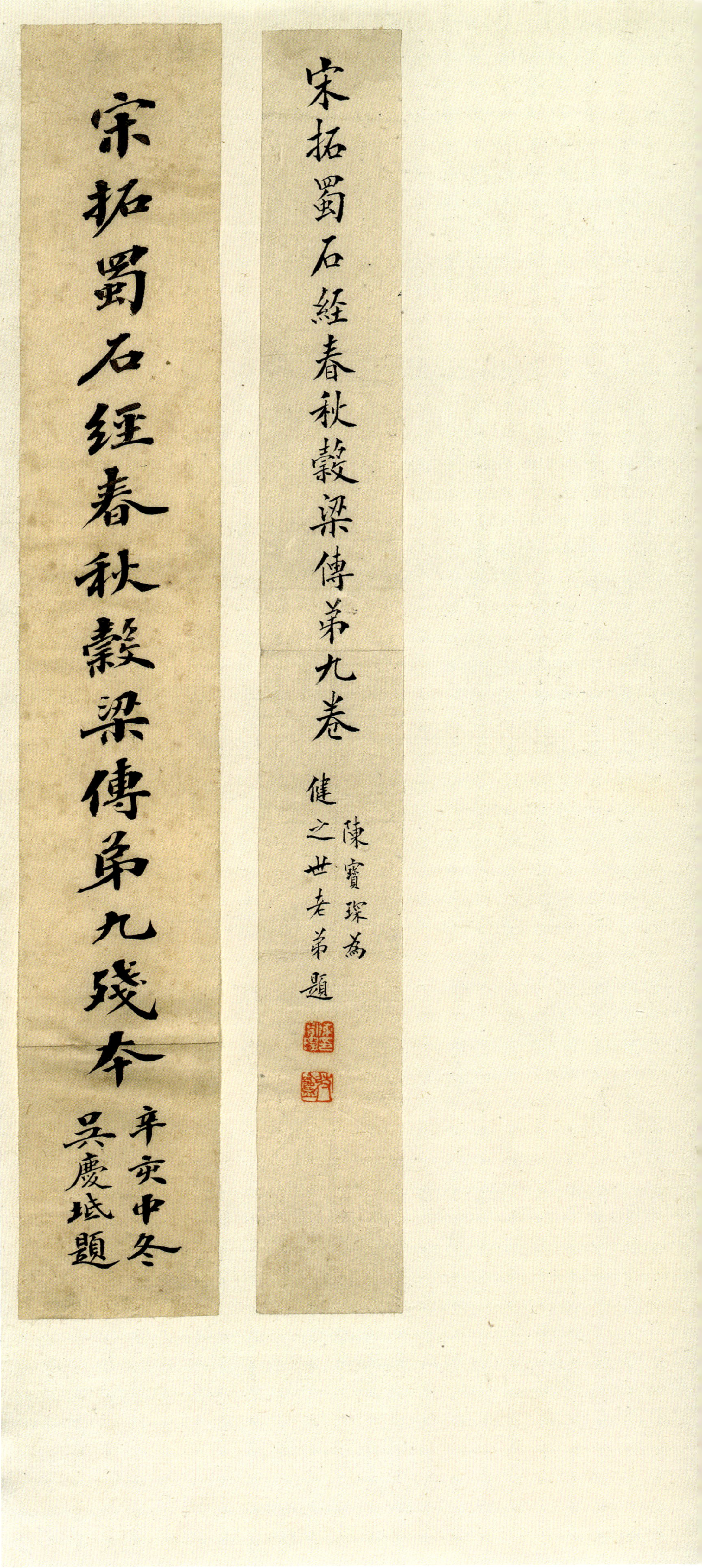

宋拓蜀石經春秋穀梁傳弟九卷

陳寶琛為健之世老弟題

宋拓蜀石經春秋穀梁傳弟九殘本

辛亥中冬吳慶坻題

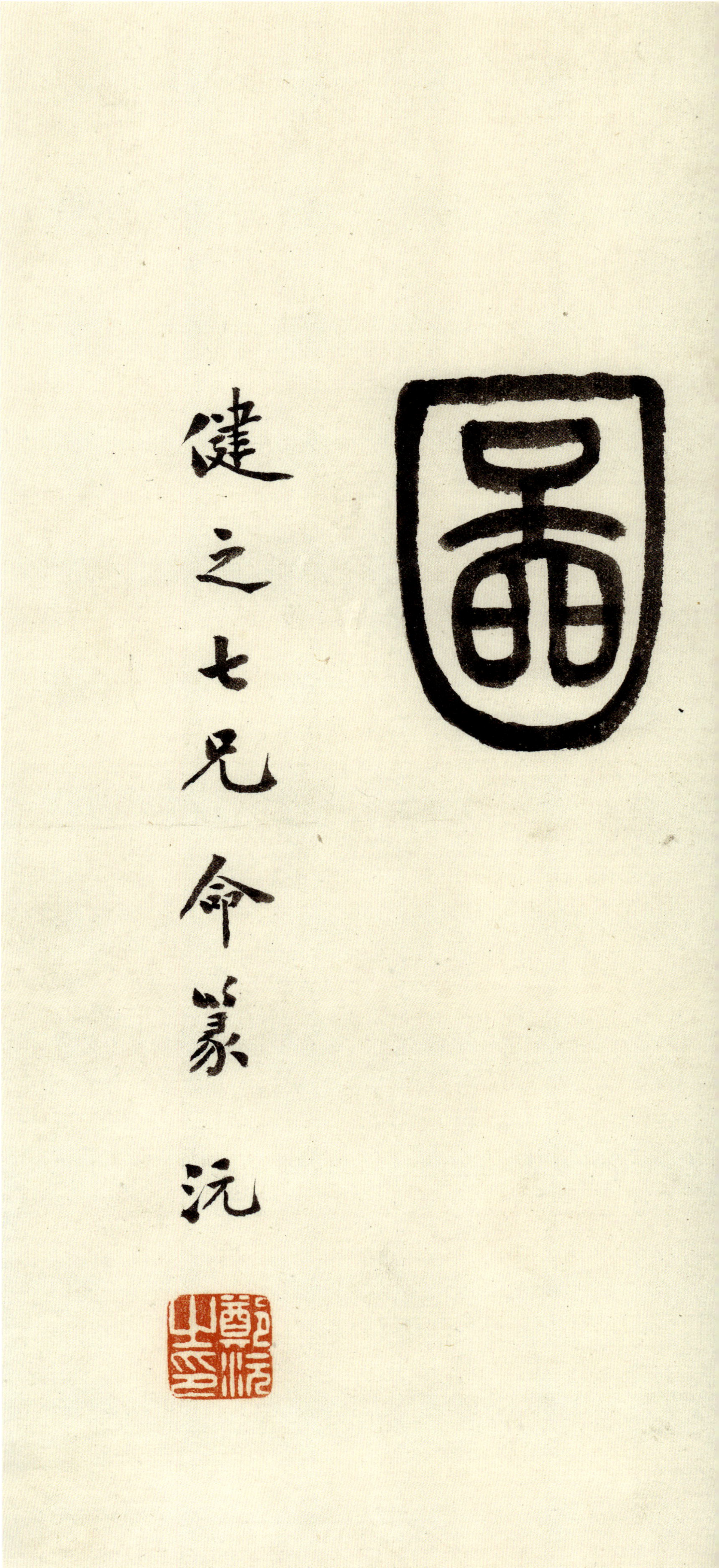
健之七兄命篆
沅

蜀石經亝圖
健之年世道兄屬寫
何維樸

蜀石經齋圖

蜀石經齋圖
孟氏當唐晉紛
更之際據有兩川
晚唐名人薈萃
於彼故石經之刻
遠勝開成惜拓
本不易得今
健之先生寶有
五冊亟以名其齋
矣癸丑七月陸恢
為之圖并記

蜀石經齋圖
戊午十月寫似
健之先生雅鑑
蕭愻

蜀石經齋圖
建之先生屬正
己未秋夜湯滌

蜀石經齋圖
甲子五月寫呈
健之先生正
弟金蓉鏡

蜀石經齋記

劉使君健之得蜀石經三傳周禮若干卷建
高以唐顏曰蜀石經齋語閻生曰盍為記蓋
漢石經既亡唐刻亦多磨竄唯蜀刻授雍都
原本較為精審而原石久佚拓本亦無存者前
人得毛詩殘卷左傳周禮穀百字珍惜矜衒

如獲異寶今使君所得亟多又皆前人所未著
錄者其尊而異之宜也孟蜀偏隅僭竊殆無
可紀乃能崇尚經學石經之作刻經注并存視前
代爲尤備宋時學官頒行及士夫援引多源於
此開一代儒術之先聲不亦懿與抑聞生之所
肆則固不止於是也夫巴蜀險阻民俗樸魯

華之際每為英霸所割據而文采風流
亦往往照耀千載武功文學常為天下
樞今國事洶洶未知所定使君三十年來仍
父子先後持節臨蒞吏士威惠猶新實日
者或假手事會刈其蕭艾而澤以斯文使
文翁髙相之化再見今日則撥亂反治之

楙未始不基於此是齋之作其兆之先見者乎園非獨區區拾遺補衮之勤為足錄也

己未夏日　桐城吴闿生記

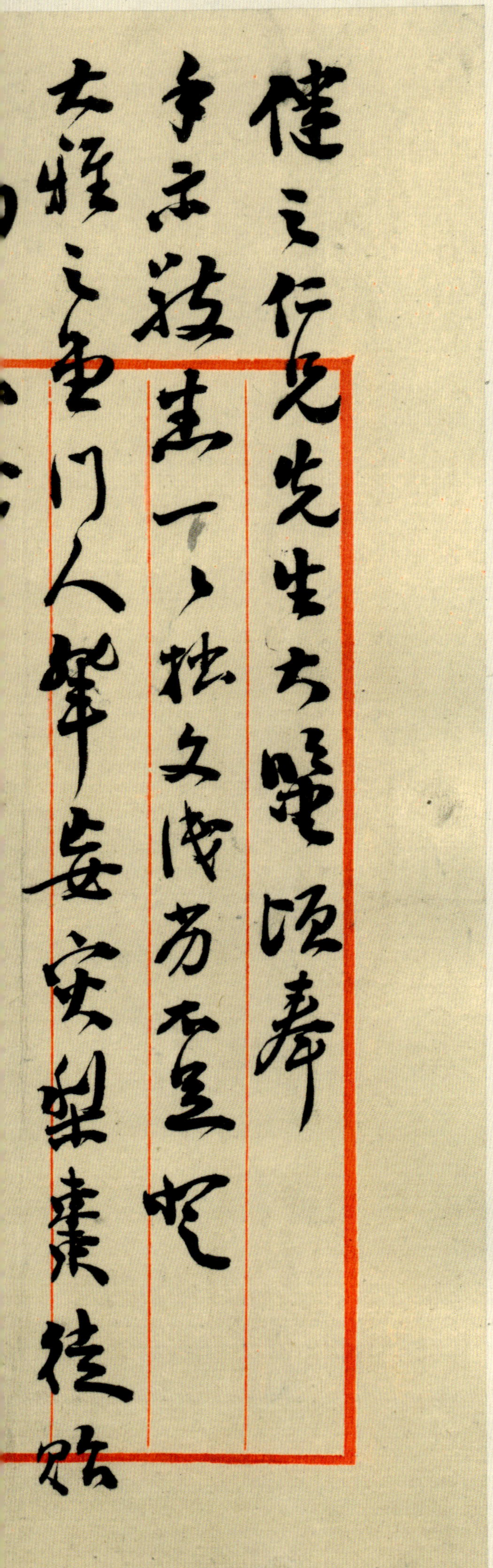
健之仁兄先生大鑒：頃奉
手示敬悉。下走拙文
大雅之堂，門人

弓聲裳不敢自逭故敢輙上一偏庶幾
裦揚尤坰預斤蜀石往記文銘石之意
趨一莊重以係經籍故特鄭重出之

闕

北惲后事

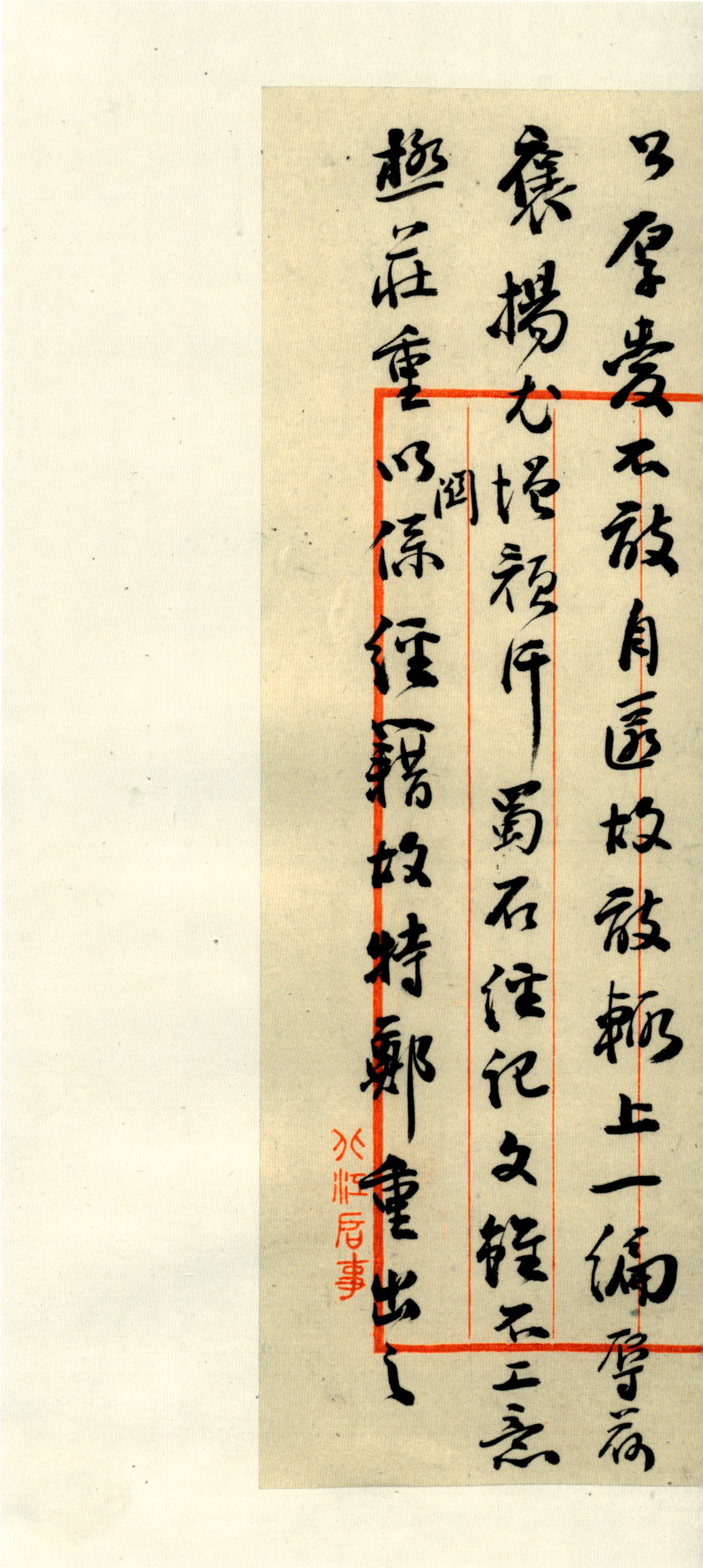

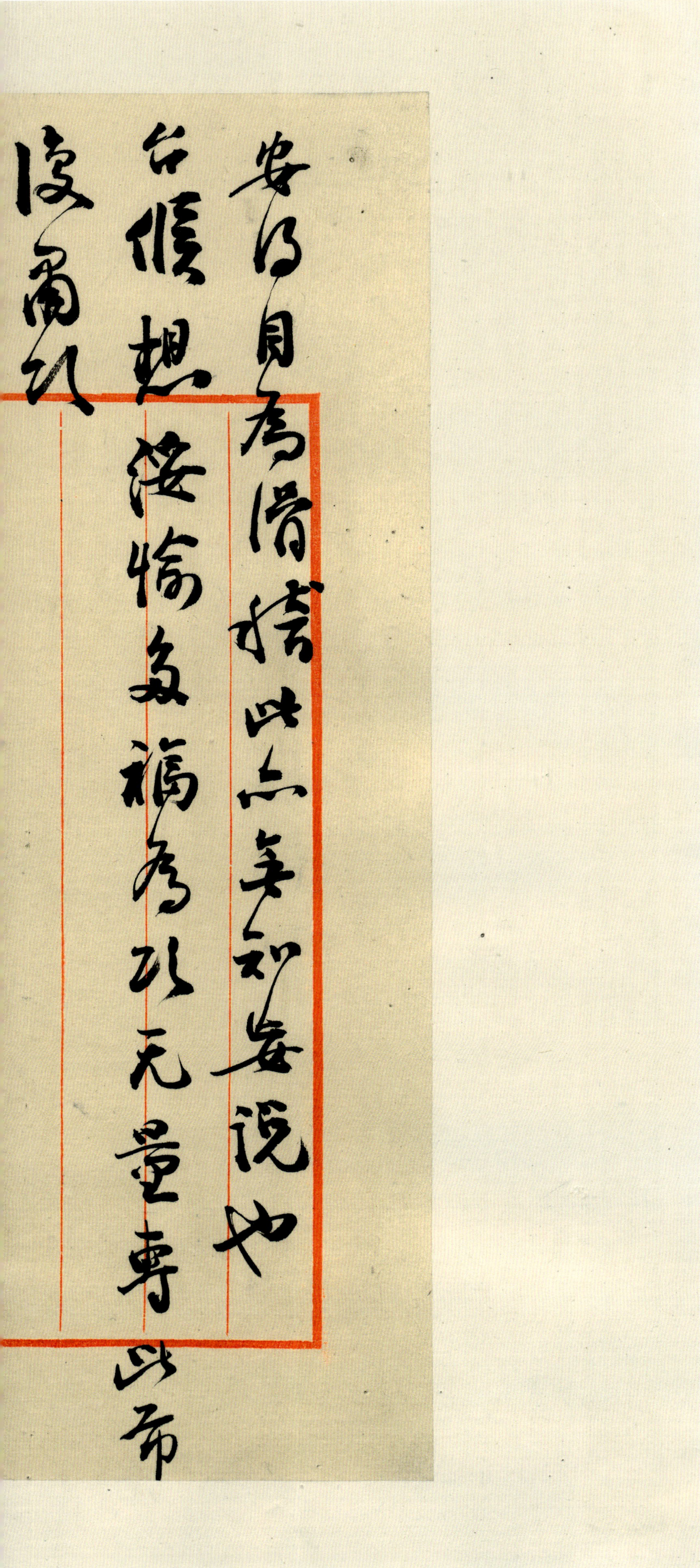
安得自為滑稽此亦無知妄說也
台候想綏愉多福為頌无量專此布
復[illegible]

蜀國春深叫杜鵑摩訶池上月如烟霸圖銷
盡留文藻石墨琳琅廣政年五季干戈遍
寰宇掃地詩書棄如土西川伐石刻群經不
使熹平擅千古唐代淵民廟諱尊遺黎猶
戀舊君恩五經兒子真羞死畢竟沙陀有外
孫鼓鞞毃咽岷江浪李家世記降書樣草
淦新黍苑戀女式文空已長山象工苑苑

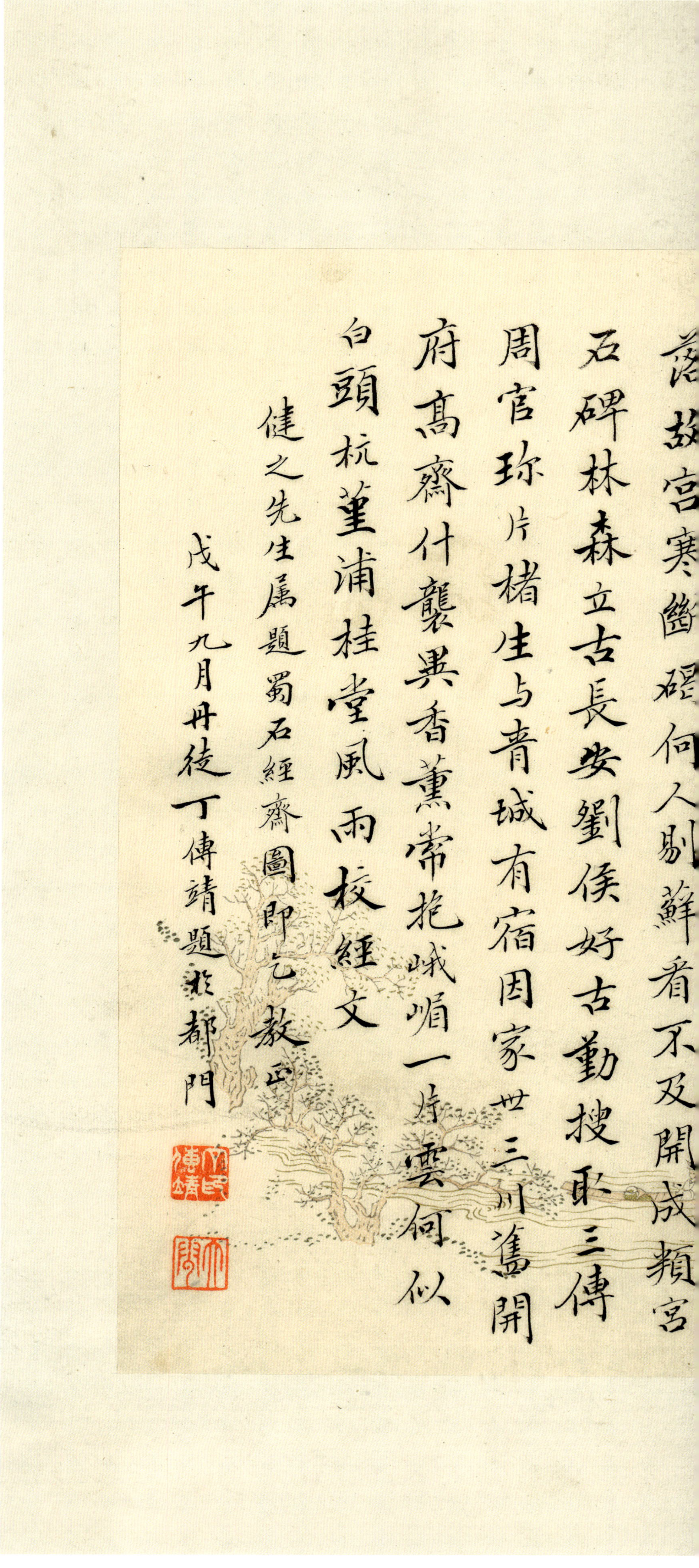
落故宮寒斷碣何人剔蘚看不及開成類宮
石碑林森立古長安劉侯好古勤搜取三傳
周官珎片楮生与青城有宿因家世三川舊開
府髙齋什襲異香薰常把峨嵋一片雲何似
白頭杭堇浦桂堂風雨校經文
健之先生屬題蜀石經齋圖即乞教正
戊午九月丹徒丁傳靖題於都門

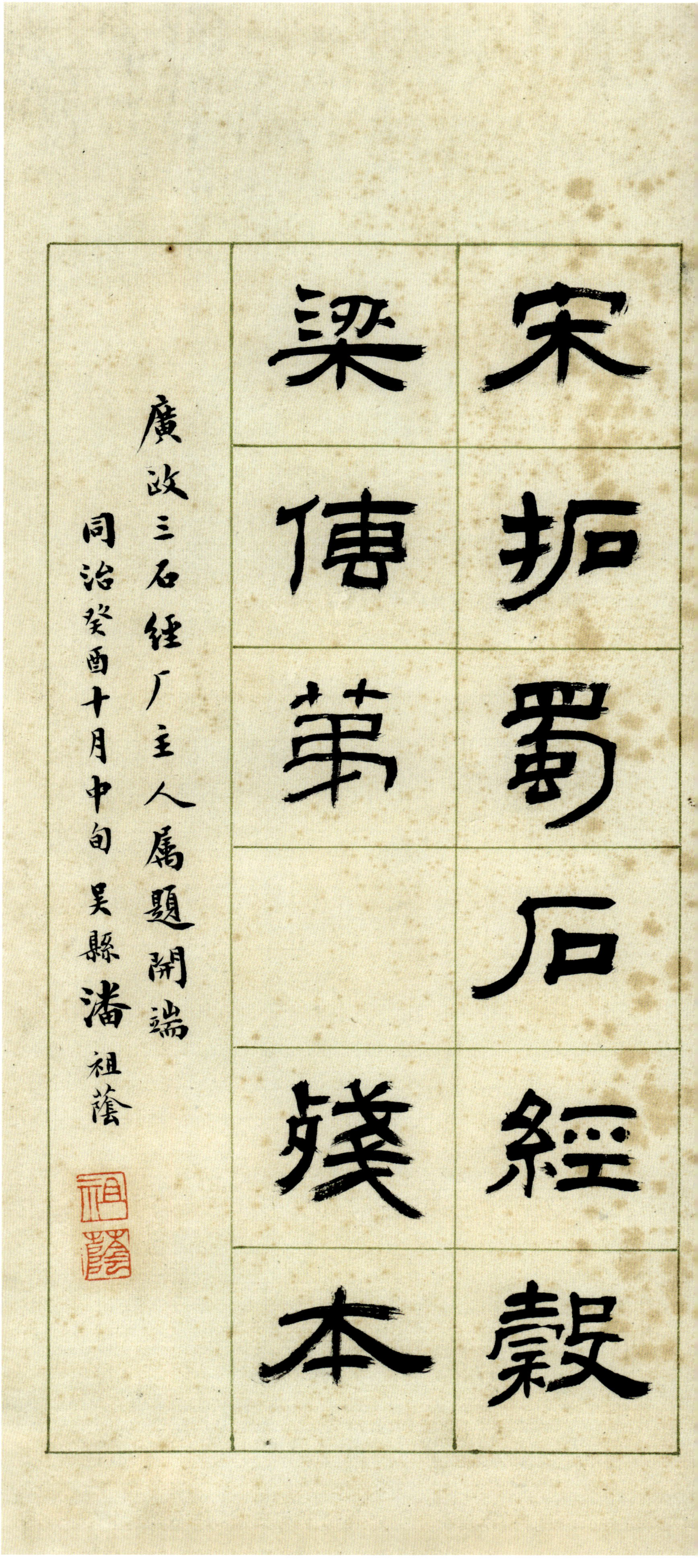
宋拓蜀石經穀
梁傳第　殘本
廣政三石經厂主人屬題開端
同治癸酉十月中旬 吳縣潘祖蔭
祖蔭

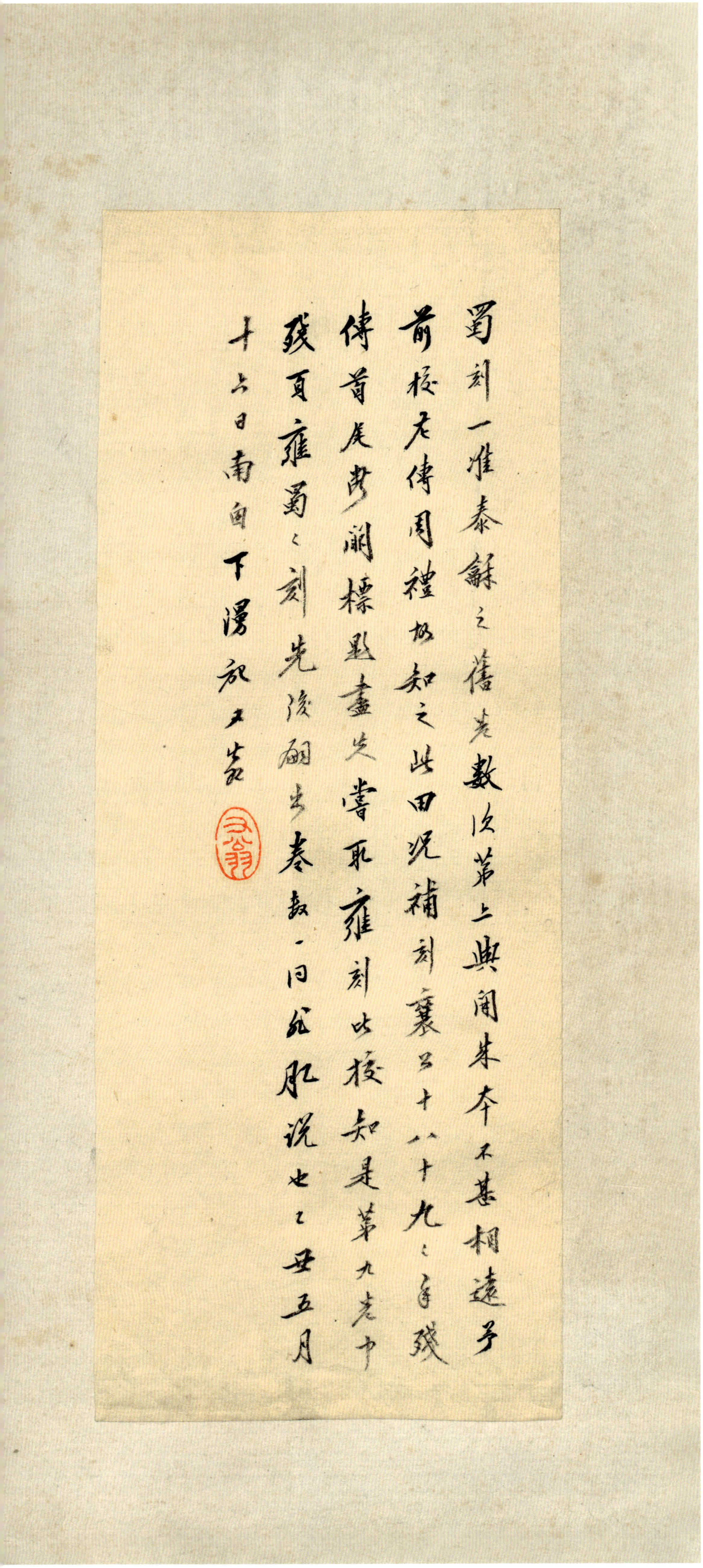
蜀刻一唯泰龢之舊者數次第上與閩本不甚相遠予
前校左傳周禮始知之此田況補刻襄公十八十九之年殘
傳昔是此闕標題盡失嘗取雍刻以校知是第九卷中
殘頁雍蜀之刻先後翻出參校一同成此說也乙丑五月
十六日南自下湯欣之記

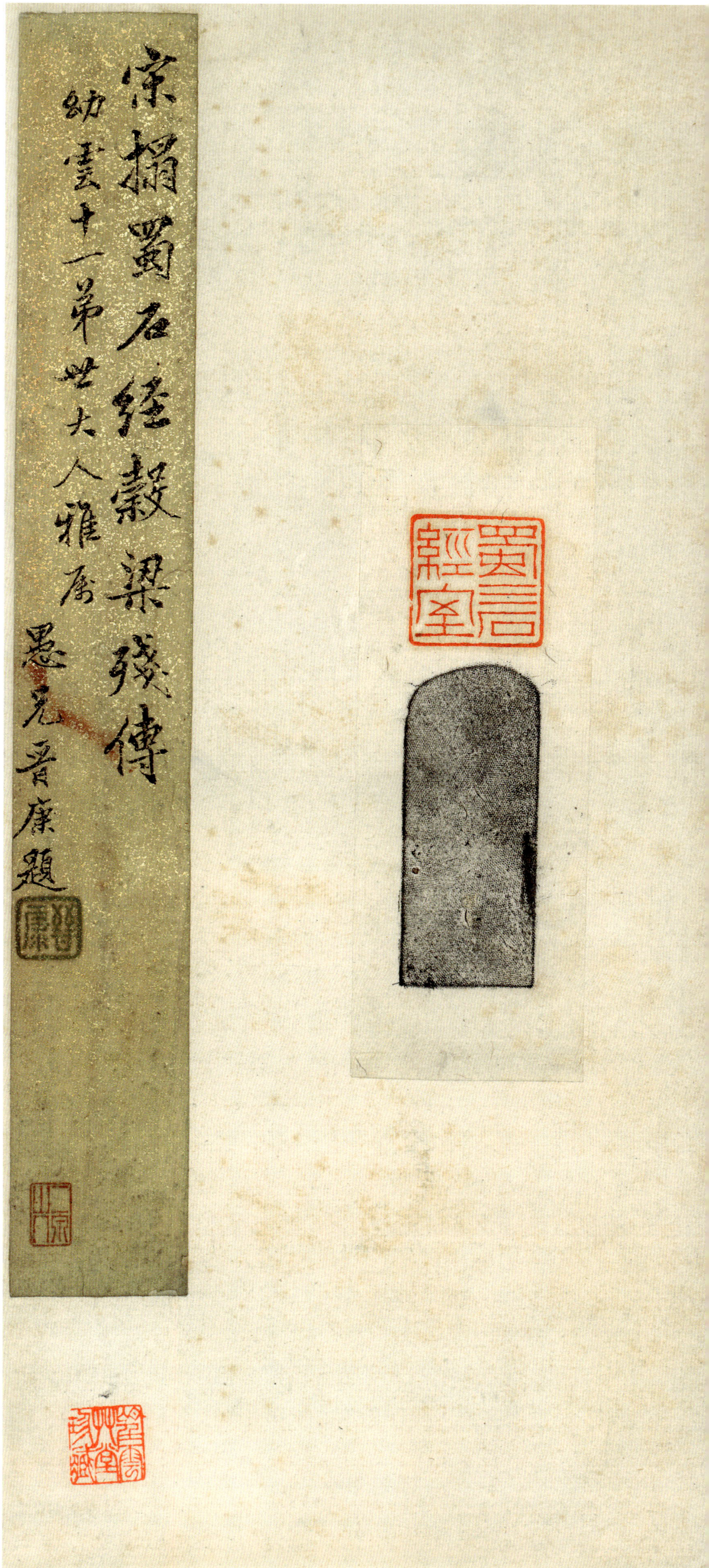
宋搨蜀石經穀梁殘傳
幼雲十一弟世大人雅属
愚兄晋康題
蜀石經室

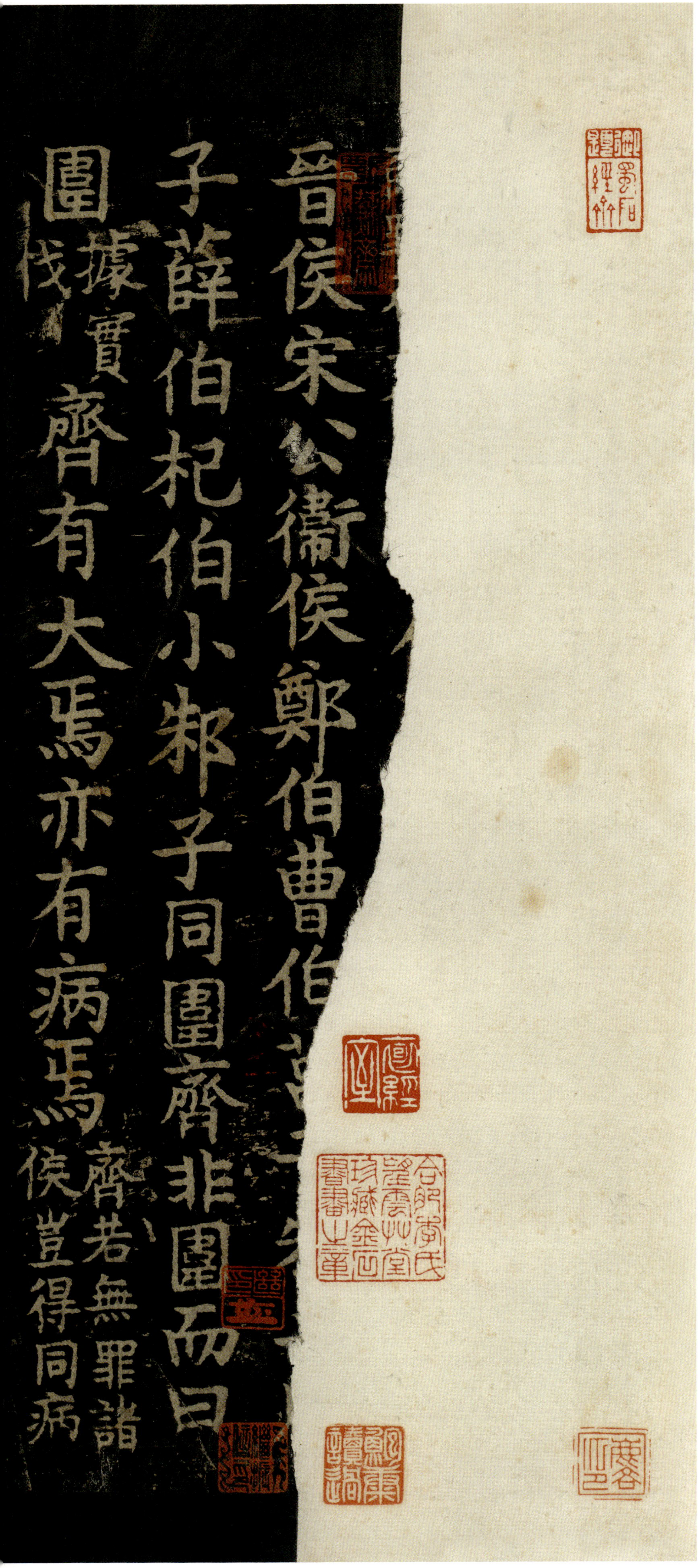

晉侯宋公衛侯鄭伯曹伯
子薛伯杞伯小邾子同圍齊非圍而曰
圍據實齊有大焉亦有病焉齊若無罪諸侯豈得同病
伐

（之乎）非大而足同與（齊非大國諸侯豈足同共圍之與）諸侯同罪之也亦病矣（諸侯同罪大國是不量力必爲大國所讎則亦病矣）曹伯負芻卒于師閔之也楚公子午帥師伐鄭

十有九年春王正月諸侯盟于祝柯

前年同圍齊之諸侯也祝柯齊地晉人執邾子公至自伐齊春秋之義已伐而盟復伐者則以伐致京城北之類是盟不復伐者則以會致會于蕭魚之類是祝柯之盟盟復伐齊與怪不以會致曰非也不復伐齊然則何爲以伐致也曰與人同事或執

其君或取其地同與邾圍齊而晉執其君曾取其地此與盟後復伐無異也取邾田自漷水以漷水爲界軋辭也軋委曲隨漷水言取邾田之多其不日惡盟也季孫宿如晉葬曹成公夏衛孫林父帥師伐齊秋七月辛卯齊侯環卒晉士匄帥師侵齊至

廿四

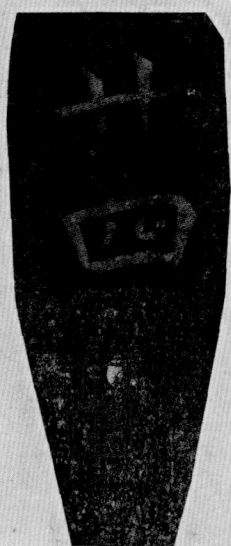

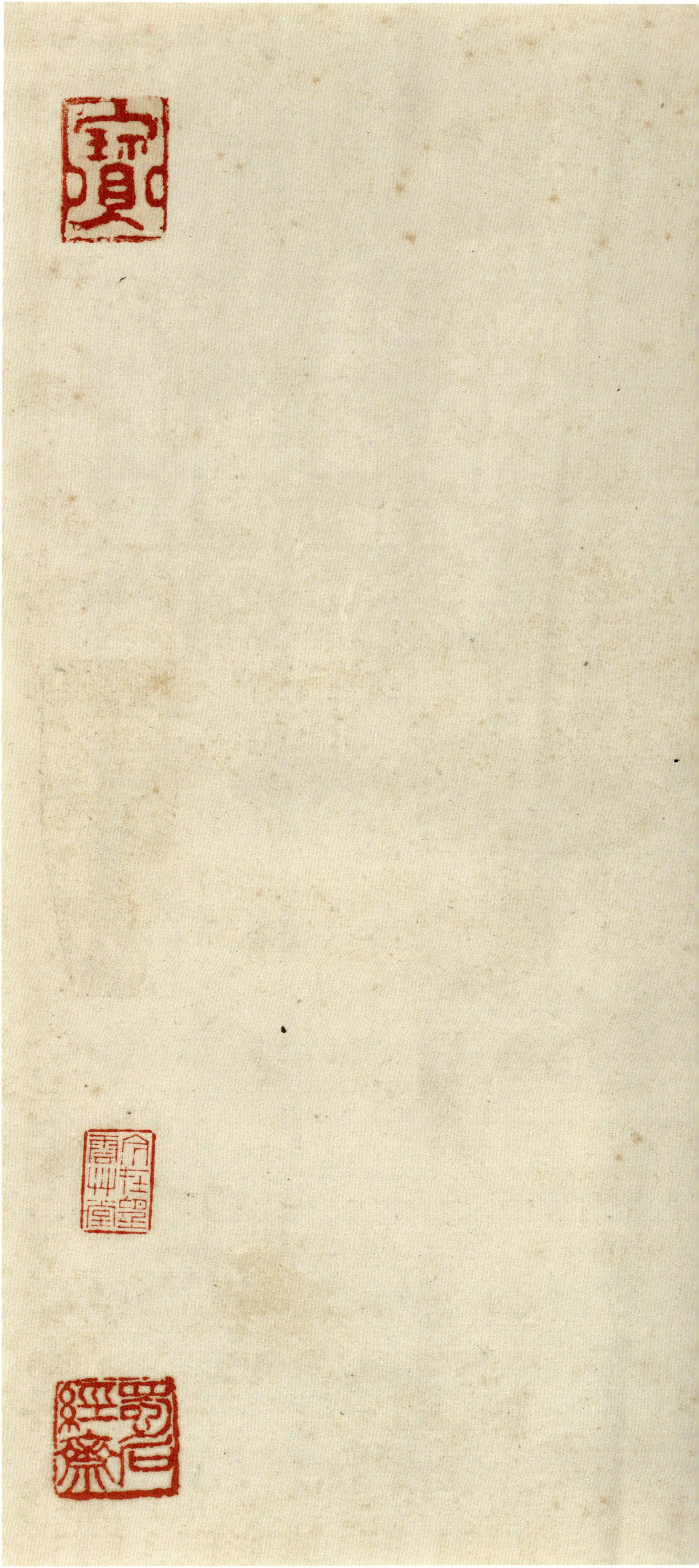

丙子十二月除日還，持以明年復假觀，与南皮張孝達同訂今本異字，時孝達使蜀任滿，計日將歸。懿榮再記

王懿榮

光緒四年戊寅十月二日錢唐汪鳴鑾郎亭、吳縣洪鈞文卿、吳大澂愙齋同觀

蜀石經周禮九十兩卷一缺首一缺尾均無多葉左傳襄二卷十五全穀梁卷九止十九行吾友劉健之所臧海内孤本也荃孫丙子見之楊幼雲所便以屬校蹉跎未就宣統辛亥之冬與健之同匿海隅借歸以唐石經校經岳本校注穀梁用古逸本疏其异同於別紙周礼十九葉左傳六葉穀梁一葉兩通字及虛字增損無關大義者悉不著

五十日而畢去丙子三十六年矣荃孫年六六十有
九精力衰頽未能多方攷證殊自媿耳繆荃孫跋

左傳世丗巳昏愍弃棄均避餘則不避世之治也
世避治不避可證周礼世字民字均不避棄仍作
諜仍作諜是時習尚使然不足為避唐諱之據弃
蜀諱袛詛翊缺筆知祥祖諱察左傳作𥧌周禮作
𥧌毛詩作究父諱歐史名道蜀檮杌則云名巘今

道字獻字皆不缺莫識其故

壬子仲冬廿六日宜都楊守敬觀于上海

壬子臘月廿五日湘鄉曾廣鈞敬觀

義寧陳三立同觀

庚申二月過達之先生蜀石經齋獲觀敬題

武進湯滌

壬子腊月廿五日健之招同
湘綺夫子止盦相國樊山乙盦詩孫
子脩伯嚴實甫重伯諸先生小集
蜀石經齋獲觀因題
清道人記
同日恩施樊增祥同觀

庚申冬十月襄陽金粟菴頭陀炯然孫滂

觀時在海上

癸亥十一月廿八日獲觀於健之妹倩蜀石經齋

合肥李經方記

癸亥季冬八日秀水陶葆廉敬觀

北京桂辛
大佛寺朱京堂交布馬劉健
之姻伯來言陳詒重以李亦園
所藏蜀石經周禮公羊殘本交
翰文齋出售健之照價已在翰
文購定詒重堅欲賣與劉聚

卿似太懇然汝速以我意告語
重務請轉圖左傳一卷早在
健妻使三本劍合亦當成其
美也得復即電止

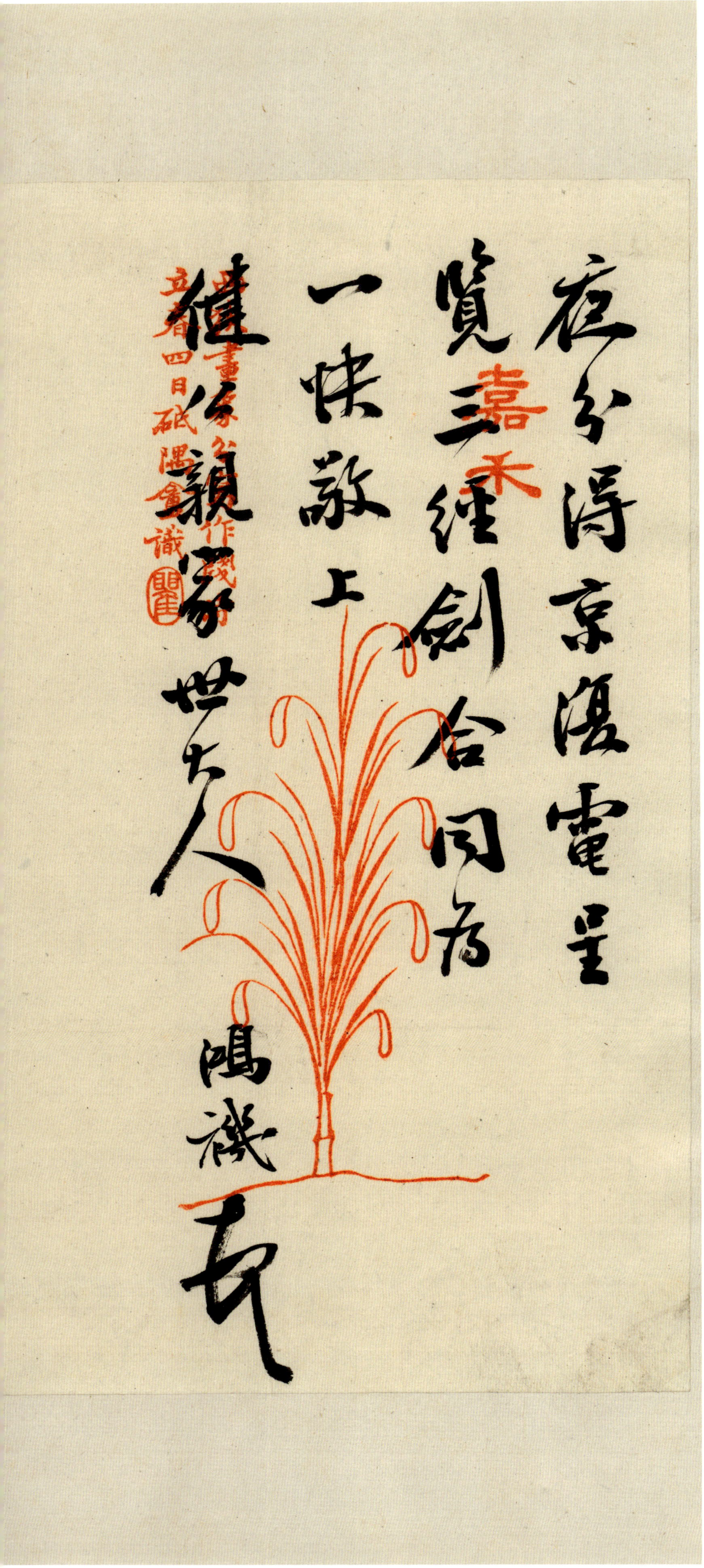
庭分得京滬電呈
覽三經劍合同為
一快敬上
健僧親家世大人
鳴謙
嘉禾

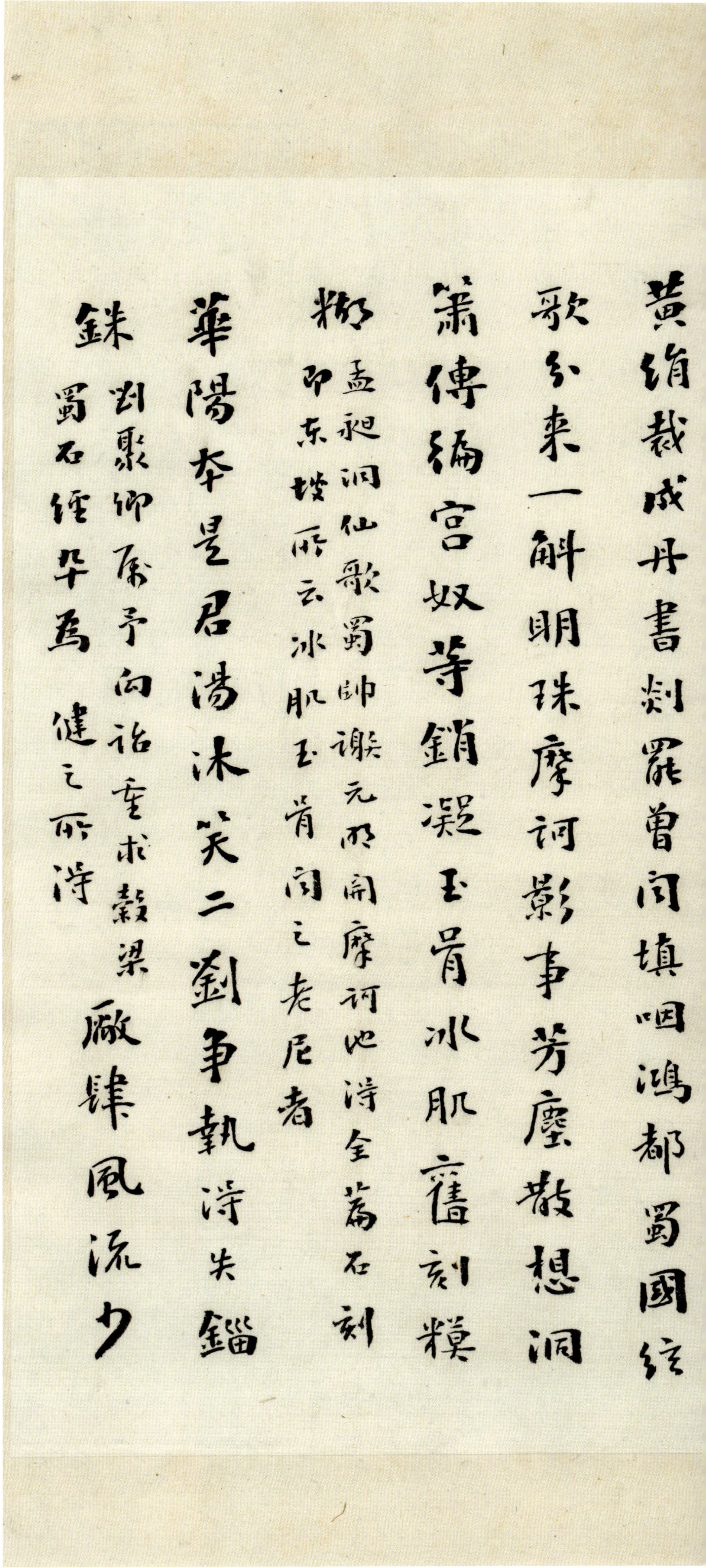

黄絹裁成丹書刻羅曾聞填咽鴻都蜀國絃歌分來一斛明珠摩訶影事芳塵散想洞簫傳徧宮奴等銷凝玉骨冰肌舊刻模糊孟昶洞仙歌蜀帥謝元所開摩訶池得全篇石刻即東坡所云冰肌玉骨聞之老尼者華陽本是君湯沐笑二劉爭執得失錙銖劉聚卿屬予向詒重求穀梁蜀石經殘本爲健之所得廠肆風流少

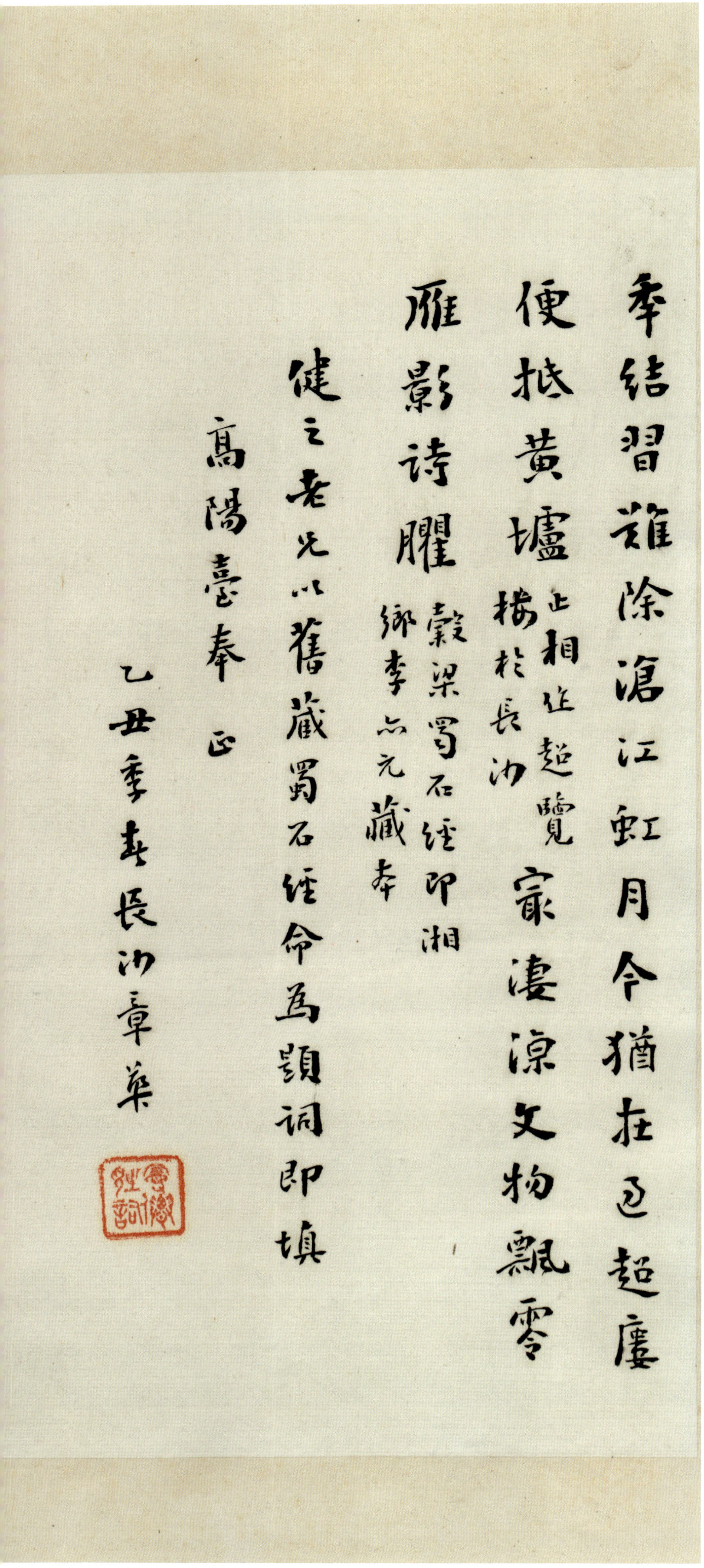

牽結習難除滄江虹月今猶在已超塵
便抵黃壚正相從超覽樓於長沙家淒涼文物飄零
雁影詩臞穀梁蜀石經印湘鄉李亦元藏本
健之老兄以舊藏蜀石經命為題詞即塡
高陽臺奉正
乙丑季春長沙章棨

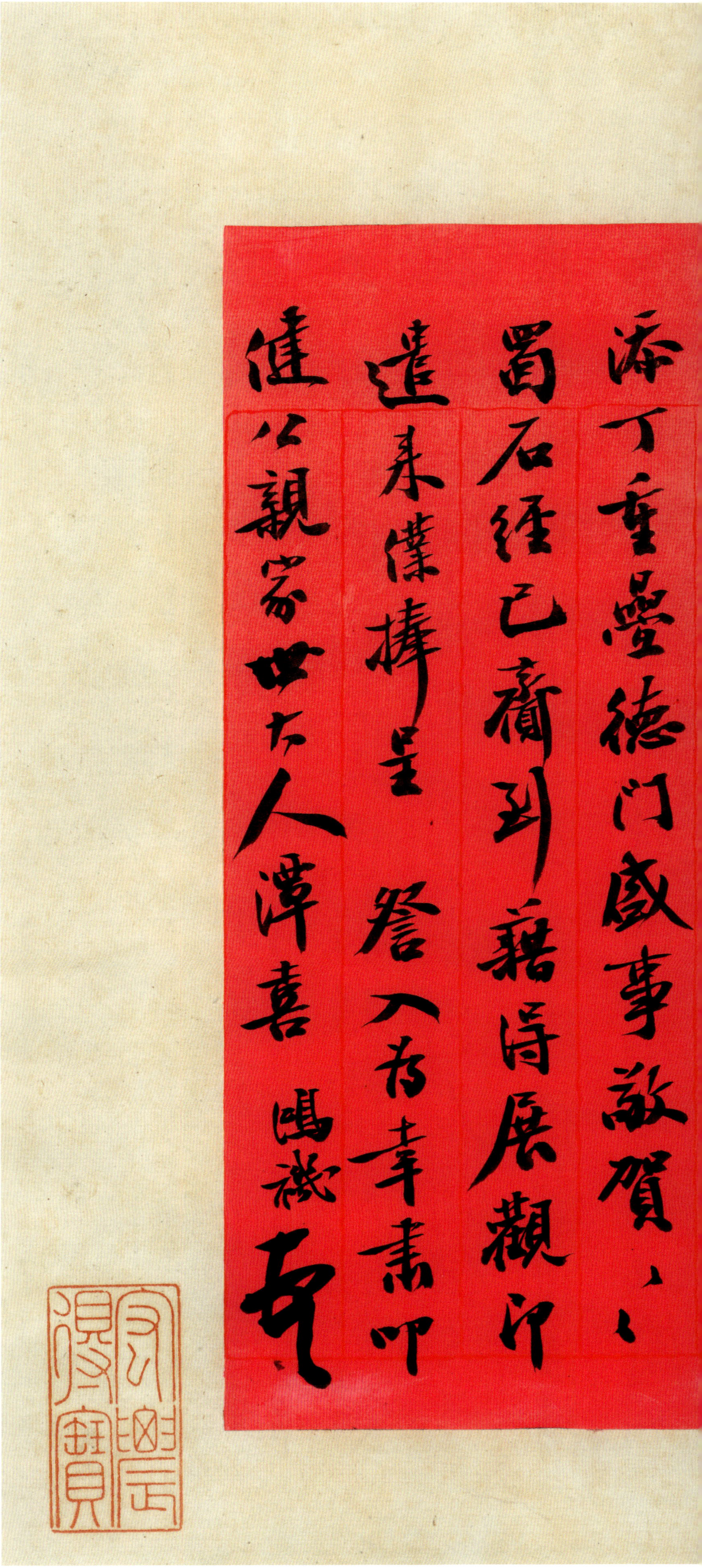
添丁重疊德門盛事敬賀〻〻
蜀石經已齎到藉得展觀即
遣來僕捧呈 登入為幸耑叩
健公親家世大人潭喜 鴻識

孟蜀石經已成海內孤本湖州張壯憲氏所藏周禮穀梁左傳三經庚子之亂吾鄉李希聖亦園得之亦園歿後廬江劉健之親家從陶森甲榘林購得左傳健之于役來湘余方以獲觀爲幸周禮穀梁在陳毅詒重所詒重寘廠肆中求善價以周亦

園之孤會健之入都仍如其值已得周禮而穀梁固不與蓋將有奪者危失之矣余謂左傳已歸健之使三經劍合甚盛事也因電告昊子宣治致語詒垂乃成其美八月治昊將穀梁寄歸九月朔冥有長沙之變健之倉黃出走衣履且不具獨於其所

謂蜀三石經者愛護相依倚究無恙頃與余避地先後來滬上並出三冊見示留玩踰旬書此以志泥雪後之覽者亦將感慨係之辛亥長至日瞿鴻禨識

蜀三石經

健之得於長沙余既題其齋楄續又得公羊傳至上海出以相示所經歷覩題者皆故人勝流展玩幾迷積珠又鑒家一樂也金石錄作於亂離時較太平文賞尤為消憂他日清暇無忘此題

壬子祭詩前五夕闓運

存廢功真一相多千年翠墨感蒐羅鴻都早沒遷秦寶壺井寍嘲僭蜀戈恭挍晁文同片石重鐫汴體此先河問奇已晚吾衰甚誰訪雲亭載酒過

徤之仁兄屬題

丁巳長至前十日胡嗣芬

石經肇於東漢熹平石經（無注）久毀宋時得殘拓數葉已極珍貴當時多覆刻本（如越州石氏錦官城蓬萊閣之類）國朝孫淵如黃小松所得之尚書論語各三紙自以為原石其實即宋刻本翁正三又覆刻於江西蔡松原所得之殘葉錢梅溪之雙鉤本刻石更無足論矣唐開成石經亦無注雖存西安然已斷裂多為後人刓改魏三體石經光緒中

葉山東丁氏曾得一〻片石論者謂其字體偽造即此片石中亦有誤字蜀廣政石經共十經經註並刻左傳刻至十七卷十八卷以下及公穀皆宋刻至皇祐始畢工孟子席旦補刻令無片石殆殘燬於宋末元初曾學佺四川名勝志謂合州賓館有禮記數段張邦伸錦里新編謂乾隆時修城得有殘石數十片皆不足據北宋嘉祐篆楷二體石經

乾隆中僅存周易尚書周禮禮記數石近亦不知尚在否搨本流傳之多者以山陽丁儉卿所得為最有二百餘葉南宋高宗御書石經石亦殘缺仍有在杭州者本朝石經蔣衡湘帆所書雖刻石太學當時即有異議無關經學此歷代石經之大畧也蜀石經元明著錄無聞最初乾隆年吳縣陳芳林有左傳二十卷三十五行黃松石小松之尊人有毛詩周南召南

邶風後佚周南及鵲巢序趙晉齋有周禮夏官三十六行此三殘本屢見著錄洪楊亂後不知流落何許毛詩左傳陳雪峯曾以影寫本刻木近亦罕見宣統庚戌十月徐積餘自京師返金陵告余云有蜀石經左傳卷十五一册五十三葉又半在陶蘂林處又有周禮卷九卷十一册七十五葉又半首尾畧缺穀梁卷九二葉在陳詒重處託翰文齋書

賈求售蓋即楊幼雲舊藏後歸張叔憲庚子歸李亦元者
也越日大雪閘陶渠林自九江來省冒雪往觀既屬張東
甫購得之辛亥正月入都詢翰文齋周禮穀梁賈人韓子
元支吾其詞二月再入都晤羅叔韞云周禮穀梁皆在翰
文齋何云無之遂同往海王村韓子元不能復隱允如其
價出周禮交余云穀梁尚在陳詒重所一二日内當取來

交余旋以事往湖南月餘返北京再問穀梁韓子元云伊欲另售與劉聚卿故不即交五月余再至長沙言其事於瞿止盦相國相國為電其次郎希馬使以己意言於詒重且云左傳本在余處使三經劍合甚盛事也詒重復電始以穀梁交希馬非相國厚愛則幾不為我有矣九月長沙之變倉卒來滬亦攜以行壬子正月又收得周禮卷十二二十二

葉公羊卷二十九葉即陳頌南舊藏也經注都四萬六千四百餘字皆道光咸豐間所出在諸家著録之外者也今冬寂居無俚因述其緣由如此至經注與今本多異同吾友繆筱珊曾為作校記兹不贅言丙辰十月盧江劉體乾跋

陳芳林所藏左傳三十五行戊午十月陳弢庵太保

為之作緣歸余此求之數年不可得者一旦得之喜可知也體乾又識

神祖聖伏天闢腥厥禍維何在荒經：如河
嶽如日星一日廢棄昏冥：匪惟荒經劫
運丁周官兩誤莽與荆中說胡爲論
語并而況法言貌其形詩即可補亦
螟蛉格致欲釋而今之聖辭所吐耿元精
豈許飣餖滋眩瞑大哉刻石始熹平西

安贗續緜開成渾ゝ灝噩卬莫譍賈鄭
不作誰傳燈廣政張本蜀足徵注腳各ゝ
昭蔡蒙所惜變燼宋元明謄茲殘碣嗟
凋零　健之吾兄得未曾傾囊不惜揮百
朋首獲周禮與穀梁肩左繼之以公羊
多哉成卷何琳瑯少亦凡百數十行書

灋瘦硬類卒吏邯鄲三體真荒傖斷韋
裂素神所凝豨半展轉在吾鄉君大半侍侍陶類林李亦元
陳詒重消湘人天地瓌寶瑞氣蒸光燄萬丈護百靈
乾坤幾熄橐籥高烈於一炬焚祖龍六芸
菲薄趨蹩行異說蠭起雜且厖辟廱不聞
鼉鼓逢五經埽地燕爨宮魯史汲汲能彌

縫辭中金石富無聲多　君拾遺勤綴
青一廬獨抱擁百城　先德教澤未渠
央文莊公替川與學存大疏風未沫文翁武係賓式憑
沖皇宸翰題彤廷先聖
後聖氏是程揭櫫經義視
御屏

庚申冬十月七日

健之吾兄世先生出示蜀石經周禮春秋三傳殘本

屬題仿昌黎此日足可惜東冬江陽庚青蒸通用體

得四十七韻時同客中江長沙余肇康年六十又七

唐家祚訖九州裂百年霸氣西南歇後孟
前王同一轍廣政君臣益孱劣蜉蝣楚楚為容
閱右古崇文事亦末寫書勞費用剞劂蜀本
大字先杭越十經刊石表圭臬不遺傳注裨經
說孟氏旋亡事中輟田侯補刻完其缺一旦同
歸劫灰爇墨拓猶堪證淮別廬江尚書來東

鉞使君又建西川節千金揮斥蒐殘闕四百餘頁森羅列黃陳諸老應歎絶後賢突兀逾前哲熹平分書懸日月鴻都門外車塡咽漢命不延火尋滅開成思繼貞觀烈坡陀朝市流寃血而況危邦等旒綴文字安能拯杌臲嗟余好古勿饒舌

庚申冬十二月應

健之長兄教即祈

詧正時同在都門膠西弟柯劭忞年七十有一

紅雨樓題跋

明徐𤊹撰

愚按鄭氏藝文畧石經之學始於蔡邕秦火之後經籍初出諸家所藏傳寫或異邕校書東觀奏求正定六經文字靈帝許之乃自為書刻石於太學門外當漢末祚所傳未廣而兵火無存今之所謂石經者但刻諸石耳非蔡氏之經也又按馬氏經籍考僞蜀孟昶

刻六經於石春秋左傳三十卷不題所書姓氏亦無年月經文不闕唐諱獨闕祥字乃孟知祥僭位後所刻也又有石經尚書祥字皆闕亦闕民字乃孟氏未叛唐時所刻也經文中俱闕民字虎字類似與馬氏不闕唐諱之說未合勑載考他書蔡邕刻經之後惟僞蜀有之易經尚書乃孫逢吉周德貞所書此出孫

周之手無疑況字畫秀整蒼勁大類虞歐筆格先兄
惟和嚮曾購之蔣子才蔵諸齋頭十餘禩後伯兄不
祿仍歸子才子才復持以贈在杭謝君予乃為之考
核始末以俟博雅者鑒定萬歷丁未初春徐惟起書
乾嘉金石家言謂蜀石經未見於元明著錄故余
跋中亦作是語非偶見紅雨樓題跋有石經左氏

傳一則亟錄於此冊足徵蜀石經拓本在明代已
爲珍貴矣辛酉三月十八日劉體乾識

曾宏父石刻鋪叙何義門錢竹汀跋云南宋有兩曾宏父朱竹垞所引紹興十三年知台州府事名惇避光宗諱以字稱者乃空青之子與此宏父乃別一人杭大宗石經考作曾惇誤云孟子十二卷宣和五年九月帥席貢暨運判彭慥方入石逾年乃成計四冊顧亭林萬季野朱竹垞杭堇浦桂冬卉馮柳東石經考皆引曾宏父鼂公武諸書或作席貢或作席旦或作席益或作席升獻或作席升猷或作席文獻考宋史席旦字晉仲河南人元豐中舉進

士禮部不奏名旦詣闕上書神宗嘉納廷試賜第徽宗
朝以顯謨閣直學士知成都府坐進對淹留黜知滁州久
之帝思其治蜀功復知成都旦上章劾焦才叔宰相不悅
代以龐恭孫而徙旦永興恭孫俄皐去加旦述古殿直學
士復知成都卒於長安年六十二贈太中大夫子益字大光
紹興初參知政事席益紹興五年十月為四川判制置大使又

年八月作成都府學石經堂圖籍記中有曰益之先人鎮蜀奏秩文翁高朕於祀典又請樂工於朝教士以雅聲據此可証作席益之非意者其爲席旦乎癸亥六月二十六日劉體乾

曾宏父字幼卿廬陵人刻有鳳墅帖經始於嘉熙畢工於淳祐曾惇字宏父都昌（南豐）人紹興十三年知台州府事避光宗諱以字行兩人相去殆百年朱竹垞杭堇浦固誤何義門所言亦未分

明也

曾宏父之父名三復字無玷官至刑部侍郎宋史有傳

曾惇子宣之孫王明清之外祖揮麈錄屢見其名

近日見上虞羅氏蜀石經穀梁跋云楊劣雲舊藏蜀三經一周禮卷九卷十一左傳卷十六一即穀梁十九行光緒中由楊氏後人歸湘中李亦元又云尚有左傳卷十五起襄公十年至十五年鄭世允所藏見何子貞金石跋尾不知楊氏舊藏先歸湖州張林憲因自署抱蜀堂京朝士大夫皆能言之庚子後始歸李亦元李歿後左傳早別歸一人曾攜至甘肅王晉卿方伯葉菊裳張

伯謙均獲見在厰肆懸價待售者僅周禮穀梁耳至楊氏
之左傳即卷十五何子貞所跋之本今原跋具在並非卷
十六也癸亥十一月初一日劉體乾

嵩少百刦中金石壽亦脆繭紙
什一留蠹魚飽之敗喜年七十
碑遷雖久茫昧從同鐔爛旋
似為估人賣正如三體書形詭勢
傷銳流傳呂本末又改作為偽
開成刻損多伊古識無累宋刻

褫鴻都墨本片石貴孟蜀有賢
輔稽古力何偉哉依太和本精謹
而炳蔚宣惟考異文箋注實詳
備千石來之艱歲久竟崩壞方今
小人儒群經孰少沫何況方鐫雄
真覺文治贊能、劉使君出契夙所

愛承平風雅習俗李唐遠
於蜀良有緣父子繼為帥仗尚
右文朝元均田以武晁輩覆刻
雅未達皇殘碑自來會肯左帙
穀多晁行乃至諱晁氏石經考蜀經左傳祥字皆缺筆
田思雪隱觀何啻乃肉快顧君

勤學傳守弗失墜

甲子夏至日爲

健之先生題蜀石經二種後二十二韵

韋齋黄樹穀

蜀石經校記

周禮卷第九

秋官司寇上　周禮　鄭氏注

蜡氏　从注月令曰以上均缺

雍氏　下五字缺

萍氏　注爾雅曰萍蓱其大者曰蘋萍讀如小子言萍平萍氏掌主水禁岳本蘋下無萍字平下有之平二字當有此注脫　掌字岳本脫　校之平

司烜氏　徒十有二人二今本作六人　注故書燬作烜岳本作為烜今本同

冥氏岳本作寘今本同　注冥讀為寘氏春秋謂之螟岳本秋下無謂字校謂字不當有此注衍　螟岳本作冥此注誤

庶氏　注庶讀如藥煑岳本煑下有之煑二字此注脫

書不作蟲者字從聲耳岳本蟲作蠱校疏庶是去之意故為庶不為蠱是取聲此注作蟲誤

柞氏　注讀為聲音唶唶之唶漢讀考作讀如云今本作讀為誤

薙氏　注月令曰乃燒薙行水利謂燒所芟草及水之校月

令無乃字利字此注衍　岳本謂上有非字亦衍文

哲蔟氏岳本作蔟誤下同　注哲讀為擿岳本作擿從

石哲聲岳本作析此注作哲誤

翦氏　注寔始翦商寔岳本作實

赤犮氏　注主持蟲豸自埋藏者岳本埋下無藏字

蟈氏　注故曰掌去鼃黽之屬也書或為掌去蝦蟇岳本無之

屬也三字有鼃黽蝦蟇屬五字校岳本文字差順此注誤

壺涿氏　注獨讀為濁　岳本作讀為濁其源之濁此注脫四字

書亦或為濁　漢讀考濁當作涿此注已作濁

銜枚氏　注為之繣　桉阮校記云宋大字本無之釋文引此注亦無以為衍字然此注已有之

岳本亦有

伊耆氏　注此主王者之齒於後王識伊耆氏之舊德　岳本

於杖校疏云掌共杖此注於字誤　今姓有伊耆也　岳本也作

氏漢制考亦作伊耆氏也此注氏字脫

大行人

小行人

司儀

行夫　今本四條連接　注行人主國使之禮　岳本人作夫今注人字誤

象胥　徒二十人唐石經作廿八廿卅均不作廿卅三十

今總名曰象者今本今作合

掌窣　窣避蜀諱

朝大夫　注此王之上士也岳本無上字

都則　注主都之八則也岳本都下有家字　當言每國

岳本國作都按此官已缺据疏都家之士主治都家吏民之獄作都是也下庶士同

大司寇之職　注書曰王秏荒阮校記以羣經音辨引作秏云是據北宋本今此注正作秏岳本作旄毛本作耄今本作耗均非　度作詿刑

詿避蜀諱

刑新國　注為其民未習於教釋文出為民然此注已有其字

刑亂國　注簒弒叛逆之國岳本簒作篡此注簒字誤　以

其化惡伐滅也岳本也作之當從此注也字誤

以五刑糾萬民民字通體不避不別出愍字同 注糾察異者察避
蜀諱 岳本作糾猶察異之
以兩造禁民訟 注則是自服直者也岳本服下有不直字今本有節及疏均作不
直此注脫
以邦成弊之 注弊獄刑侯岳本刑作邢此注刑字誤
戒于百族 注百族府史以下岳本百族下有謂字當有此注脫
小司寇
以致萬民 注立君謂無冢適選於衆也岳本衆作庶
書曰謀及庶民岳本民作人與書合
其位 注其不見孤者孤從羣臣大夫在公後也岳本作其孤不
見者無下孤字臣下有卿字校今本從釋文及疏作鄉此
注脫卿字亦誤

以五刑聽萬民之獄訟　注獄壹成而不可變　岳本壹作一

如今時讀鞫已乃論之也　岳本鞫作鞠　鞠俗字

不躬坐獄訟　注不躬坐者　岳本躬作身校以身釋躬此注作躬字誤

命婦者其大夫之妻也　岳本作其婦人之為大夫之妻者

鍼莊子　岳本莊作嚴按漢明帝諱莊改嚴漢注應作嚴此注莊字誤

五曰目聽　注觀其眸子　岳本眸作牟

附刑罰　注杜子春讀麗為羅　岳本亦作罹今本作羅校羅罹古今字說文無罹字

玄謂附也　岳本作謂下有麗字

二曰議故之辟　注故舊不遺則民不偷　論語同偷阮校記云俗字岳本作愉　音他故反

四曰議能之辟　注以弃社稷　弃似避唐諱然世字不避此亦不足為避之證

不亦或乎 岳本或作惑

前王而辟 注小司寇為王導辟除姧人也 岳本導作道姧作姦下同

后世子之喪 世字通體不避不別出

士師 注今宮門有符籍 今本符作簿阮校記已斥其誤

以五戒先後刑罰 注於書則甘誓湯誓大誥之屬 岳本大誥下有康誥二字

掌鄉|合州黨族閭比之聯 唐石經族誤族 注胥讀如

宿胥之僧 漢讀考讀如當作讀為岳本胥作僧當從此注胥字誤

穽獄訟之辭 穽避蜀諱 注若今時百官聽政法解致法 邦

令者 岳本作若今白聽正法解也

掌士之八成 注若令今時決事比事也 岳本作若令今決事比此注事也二字

衍

一曰邦汋　注汋國汋斟汋岳本作汋讀如酌酒尊中之酌國汋者斟酌

三曰邦諜　諜岳本作諜然世字不避決非避唐諱

七曰為邦朋　注倗讀為朋友之朋岳本作讀如阮校記據宋本以當為為正

此注正作當為

荒辯之灋唐石經灋作法今本辯作辨灋作法　注辯為

風別之別岳本辯下有讀為二字此注脫　為士師別受

其數條岳本為作而數作教桉釋文作數音所主反教字誤此注為字數字誤　若國凶

荒岳本國作邦校漢避高祖諱改邦為國　慮刑貶罰也

岳本無罰也二字

傅別約劑　注劑各持所券也岳本劑上有約字此注脫

糾守緩刑　注糾守備盜賊也岳本備作衞誤

凡刉珥唐石經同岳本刉作刲下文及注均同　注珥讀

為衈盟禮之事岳本衈下有刉衈二字此注脫據疏刉珥是釁禮此注盟字誤　盟作釁

犯師禁　注犯師禁于行陣也岳本于作干此注于字誤陣作陳陣俗字

鄉士

察其辭　察避蜀諱下文及注同　注為其罪之要辭岳本罪下有法字

如今劾矣岳本劾作劾

弊其□于朝　訟字石泐

以□□訟　議獄二字泐

十日刑殺　十字半泐唐石經同今本作協

若今時望後刑日也岳本刑作利疏云合利殺之日作刑日亦通

三日請棄疾請逆尸　岳本無逆字與左傳合　士師既獄訟

五

之成　岳本旣下有成字此注脫
爲之前驅　注若今時三公出城辟督郵盜賊導之也　岳本
作郡督郵道[盜賊]也此注辟字誤今之字亦衍
遂士
異其死刑之□而要之　罪字石泐
司寇聽□之字石泐
則王令三公會其期　注則用遂士職聽之則三公往議
也　岳本之下有時字則作命也作之
縣士　注三百里以外至四百里曰都　岳本至四百里曰縣四百里以外至
五百里曰都此注脫十一字　都縣野之外地　岳本無外字此注衍
獄居近爲野之縣獄　岳本無爲字此注衍
糾其戒訟[令]而戒[聽]其獄訟　唐石經而字在糾字上與遂士同此經與岳本皆同

野有大事　注野距王城二百里以外及縣鄙也岳本鄙作都　校

野縣都見上文此注鄙字誤

方士掌都家　注謂王子弟及公卿菜地岳本卿下有之字菜作采下同

聽其成于朝　注晉刑侯與雍子爭鄐田岳本刑作邢

所上治　注所治上者岳本作上治

訝士

有治於士者造焉　注如今郡國亦時遣主吏者詣廷尉

上下相虐岳本虐作虐

議之　猶吕步舒能使治淮南獄也岳本無能字此注衍

客出入則導之唐石經同岳本導作道

朝士　九棘岳本棘作棘此注誤

校棘不[illegible]棘以柬

注窮人蓋不得入也

岳本作窮民然不得為避唐諱之證

郊特牲曰說繹之

六

庫門内岳本作識繹於庫門内據疏當作識此注曰字衍説字誤

廟門在庫門之内岳本廟下無門字此注衍　然則外朝

於庫門之外皋門之内與岳本於作在　今司徒府有天

子以下會殿岳本子作大會殿此注脱大字

小者庶民私之　注若今時得遺物放失六畜持詣縣廷

也岳本遺上有及字特作持　物小自畀也岳本作小物自畀也此注

畀字誤

邦國碁唐石經缺文釋文出國期碁俗字

有判書以治　注判分兩合也故書為辨岳本作判半分而合者故書判

為辨　有券書者券作劵誤下同　亦如國服與岳本如下有其

字校賈疏引注亦無其字

凡民同貨財者　注其嬴岳本嬴作嬴此注嬴字誤今本作嬴亦誤

若今時加貫責取息坐贓岳本無貫字此注衍

凡屬責者　注屬責轉使人歸之而本主死岳本轉下有責字此注脱

死下有亡字

慮刑貶　注謂播書以明之也岳本播作憣　謂當圖謀

緩刑岳本緩作援誤

司民

祀司民之日　注三台岳本作能　贊佐也贊佐三府以

貳佐王治者岳本作贊佐也三官以貳佐王治者

司刑　注刻其面岳本上有先字　今東西夷戎岳本脱戎字

若今宦男女也今本宦作官誤　不祥之辭祥避蜀諱

降略寇賊　岳本略異畔此注略字誤

詔刑罰　注如今律家所著法矣　岳本著作署

司刺

壹宥曰不識　注若間帷薄忘有在焉者　各本脫者字阮校記引漢制攷漢制以為當補者此注固有之

再赦曰老旄　唐石經同釋文作秏說見上

上服　注上服與墨劓　岳本服下有殺字此注脫

司約　注治者理其相探冒上下之差　岳本探作抵此注誤

書於丹圖　注或有彤器　岳本彤作雕按經作丹圖注作丹書似作彤為是

此豈舊典之遺言乎　岳本無乎字按此字當有

則珥而辟藏　注謂有事爭訟罪罰謂刑書謬誤不止者

岳本蜀下無謂字此注衍　立謂訟約若宋仲幾辟約宰者

岳本無約字與左傳合此注約字衍　謂殺鷄血釁其尸

岳本鷄作雞下有取字此注取字脫

若大亂　注約若吳楚之君岳本作謂僭約若吳楚之君僭稱王此注約字僭稱王三字均脫

晉文公請遂岳本遂作隧

司盟　注世子座岳本座作痤與左傳合此注座字誤

凡邦國有疑　注讀其載書臣告之岳本臣作以此注臣字是臣字之誤

則使之盟詛　注不信則詛所以省獄訟岳本作不信則不敢聽此盟詛所以省獄訟據疏是此注脫

凡盟詛　注使其邑閭出牲而來盟大字本無其而二字岳本無而字阮校記全以其而二字為衍文此注已有之非衍文也

職金　注謂主受來金玉錫石丹青者兵之租稅也岳本來作采無兵字按兵字不當有此注來字誤兵字衍　又以著其物也岳本無又字　謂之揭諸岳本諸作櫫此注誤

入其要　注入之於天府岳本天作大

入于司兵　注給治及工直也岳本治下有兵字

用其金石　注作槍雷椎椁之屬椁據釋文當作椁

司厲　注及所盜賊財物也岳本無賊字今注衍　若今時傷殺人所用兵盜賊岳本作用兵器盜賊贓按器字賊字皆當有此注脫惟贓字較贓字為正

其奴　注罪隸奴也岳本罪下有之字　謂奴從坐而沒縣官者岳本沒下有入字

凡有爵者　注亂者岳本無者字有毀齒也三字

凡幾珥沈辜（大人）　注幾讀爲祈岳本祈作疵校祈應作祈此注祈字誤下文亦作疵

以釁辜祭四方百物岳本釁作罷　幾讀爲刉岳本刉作刏誤

司圜　注凡害岳本作凡害人者此注脱人者二字

凡圜土之刑人也　注以此知其爲爲民所患苦岳本不重爲字

校此字衍

掌囚　注兩手共入一木岳本無入字下有也字　桎中

罪不拲手亦各一木耳岳本亦作足

掌戮掌斬殺賊諜而搏之諜似避唐諱然世字不避不足爲据注同

注搏當爲膊諸城之膊岳本作城上與左傳合此注上字膊脱

踣諸市　注肆猶陳之也岳本作猶中也陳也　目言刑

盜盜於刑殺惡莫大焉 岳本作凡言刑盜罪惡莫大焉

甸師氏 注於刑同科者其刑殺之一人也 岳本無人字此注人字衍

劓者使守關 注以醜遠之也 岳本作以貌醜遠之

髡者 唐石經作髡下從兀此經移於旁仍從兀也岳本作髡誤

司隸

則役其煩辱之事 注隸人涅廁 岳本作涅今本作湼

厲禁 注厲遮列也 岳本作例校沈校記云鄭注當作遮列岳本例字誤

罪隸

牛助為牽徬 注玄謂牛助國轉徙 岳本作牛助謂國以牛助轉徙也

其守王宮與其厲禁者如蠻隸之事 此條當次閩隸下鄭注不誤唐石經已同今本矣

閩隸 注王立世子置以使掌其家事 岳本以作臣校疏當作臣由臣訛臣

由吕改以此注誤

夷隸　注介葛盧聞牛聲岳本盧作廬誤岳聲作鳴與左傳合此注聲字誤

周禮卷第九　經四千二百六十字注七千七百四十字

周禮卷第十

秋官司寇下　周禮　鄭氏注

布憲戮　注猶窣也察避蜀諱下同　攘獄者距當獄也遏訟者止獄訟也岳本止攘獄者距當獄者也遏訟者遏止獄訟者也

禁暴氏　注以力彊得正也岳本彊作强　凡奚隸聚而出入者有所役也岳本作其聚出入有所使

野廬氏　注使不阻絶岳本阻作陷今本作使無陷絶

宿息井樹　注宿客所宿岳本客上有賓字

聚櫜之唐石經缺岳本同今本作櫜

有相翔者則誅之翔避蜀諱注同唐石經有則字今本脫　注觀伺者也岳本伺作伺　有姧人岳本姧作姦

禁野之橫行徑踰者　注徑踰射邪趨隄渠者岳本作射邪趨疾越隄渠也此注疾越二字脫

比脩除道路者　注若今次敘大功者岳本作若今次金敘大功賈疏本大作文云官名次金敘主以丈尺賦功今俗本多誤為次敘大功與此注合按阮校記大應作文無煩曲說

掌凡道禁　注謂若今絕蒙大巾持兵仗之屬岳本仗作杖今本大作布

邦之有大師唐石經同岳本脫有字

蜡氏掌除骴　注眷讀為骴岳本作漬阮校記眷上脫玄謂二字司農從故書作眷而

易作漬鄭君從今書作骴與此注合
凶服者　注凶服衰經者岳本作服衰經者也　人所穢
惡也岳本穢作薉薉正字穢俗字
有地之官　注有部界之吏今本部作郡誤
薙氏　注穿地為壍岳本壍作塹今本作漸　收艾之時
岳本艾作刈　書柴誓曰岳本柴作粊此注柴字誤　時
非秋也岳本無非字據疏亦無非字
萍氏
幾酒　苛察察避蜀諱　沽買酒過多岳本無酒字
司寤氏　注若今時甲乙至戊九經三傳沿革例云各本作甲乙至戊獨蜀本作戊
後人又加一點校疏已作戊解漢制考引衞宏舊儀五夜
甲夜至戊夜

夜遊者　注夜中星隕如雨岳本無如雨二字

司烜氏　注明齍謂以明水滫滌粢盛黍稷岳本作明水脩滫按賈疏作滫此注脩字脫

邦若屋誅　注玄謂屋讀為其刑剭之剭岳本為作如漢讀考應作讀為此注正作為　而以適甸師氏者岳本作而以適甸師氏者也

若今楬頭今本作揭

條狼氏　注若今時卒辟車之為也岳本無時字

凡誓　注卜之日岳本卜作十　王立於澤宮岳本作無宮字

師樂師也今本樂下脫師字　大史小史主書記禮事者岳本無書記二字　玄謂大夫自不受命以出則其餘事莫不復諫也岳本無不字此注衍諫作請此注誤

庶氏　注蟲物而能害人者〔岳本能作病〕謂熏之〔岳本熏作薰今本作燻〕讀如雍潰之潰〔雍字最古岳本作潰癰毛本作癰今本作廱均誤〕

凡毆蠱〔唐石經同岳本作毆今本作毆〕

薙氏　夏日至而夷之〔唐石經同校漢讀攷作雉之云司農從夷鄭君從雉月令燒雉行水注引夏日至而雉之爲證禮記正義引皇氏曰夷音雉則夷字從司農亦不爲誤惟音當從雉耳〕注故書萌作甍〔注同岳本作薨今本作甍〕謂耕及萌牙也書亦或作萌〔岳本作耕反其萌牙此注及字誤岳本作萌作爲萌〕

夷之鉤鐮迫地〔岳本鐮作鎌誤鎌下有以字迫地下有芟之二字〕

則以水火變之　注已而以水之〔岳本無以字此注衍〕

哲蔟氏　注若鴟鷽賈誼所賦陸機云大如斑鳩綠色〔賈誼以下各本無校鄭君卒於建安五年至孫吳建國相朝去二十六年疑元恪早歲著書鄭君猶及見之故采入注鄭說〕

盧學即為禮學注尚在桓靈之閒想亦隨時修改耳

方書　注辰謂從娵至荼也　岳本作辰謂從子至戌歲謂從陬至荼各本同此注六字脫

其祲未聞矣　祲避蜀諱當作詳此注誤

翦氏　掌除蠹物　唐石經同今本蠹作蠧誤　注今用以殺魚山海經朝歌山有草名莽可以毒魚郭璞云　廿二字在蠹物穿食人器物者之前校此注專釋莽字應在以薰之則死下先引山海經再引郭注今用以毒魚即郭注也此注倒置

故書蠹為槖　岳本槖作橐下同阮校記以槖為是

掌凡庶蠱之事　唐石經同岳本脫掌字校薙字亦作凡殺草之政事則此字當有

赤犮氏　注以坋之則走淳之則死　岳本作湻之以灑之此注脫

鄭司農云當為蜃　岳本當上有晨字此注脫

除其貍蟲　注貍蟲蜃肌蛷之屬　各本蜃作䗪此注蜃字誤

蟈氏　注則於水東面為煙西行被水上岳本作令煙西行被之水上阮校記令以之字為衍則令煙二字亦可省

壺涿氏

以炮土之鼓毆之岳本毆作毆今本作毆　注杜子春云泡當為匏有苦葉之匏葉不避岳本作杜子春讀炮為苞有苞苦菜之苞漢讀考云炮當作泡此注不誤　玄謂爉之炮之岳本之下有炮字阮校記云當作爉之炮之之炮使驚去也驚不缺筆

則其神死淵為陵淵作字不成作似避為唐諱然他字不避此亦偶然耳

注故書云橭為梓岳本無云字此注行　五貫為當午貫岳本作當為此注誤倒

庭氏　與救日之矢夜射之唐石經同今本無脫夜字

枉矢射之　注救日以枉矢岳本以作用阮校記以以字為正

銜枚氏　掌司嚻　注䆁嚻讙者䆁避蜀諱今本讙作讓

禁嚻呼歎鳴於國中者岳本作嚻此經嚻字誤　鳴唫也岳本同按鳴當作嗚此注鳴字誤岳本唫作吟

伊耆氏　共其杖咸　注咸讀曰函岳本曰作為

共王之齒杖　注謂年七十當以王命授杖者今時亦命之為王杖者岳本授作受王杖阮校記據續漢禮儀志當作玉杖

大行人

春朝諸侯　注巡狩岳本狩作守

時聘以結諸侯之好　注亦以王見諸侯之臣使來者時為文也岳本無時字

時聘者亦以禮見無常期也岳本無以

禮見三字　王親以禮見之岳本無王字阮校記云當據大字本增王字此注固有之

致禬　注致禬凶禮弔禮岳本作凶禮之弔禮此注之字脫

九儀　爵四者孤卿大夫之士岳本無之字校之字不當有此注衍

上公之禮　注斿其屬縿垂者也岳本縿作摻今本作幓　以蜀飾

之各本蜀作罽此注蜀字誤　輔已行禮者也各本已誤已此注固

不誤　就朝位岳本無就字此注衍　謂大門外賓下車

及王出迎所立處岳本王下有車字校下文車字當有此注脫

廟受祖之廟也岳本受下有命字校命字當有此注脫

車軹車也岳本作車軹車軹也漢讀考當云車軹轊也方合此注作車誤

再祼再飲公也岳本祼作灌　朝事儀曰各本作士校大戴亦作朝事篇

事士古通　王禮以鬱鬯禮賓也岳本王禮下有王字此注脫

凡祭賓客岳本祭下有祀字此注脫 謂從來還去也岳本還作記

凡大國之孤 注更自以其摯見岳本摯作贄此與釋文合親自對擯賓也岳本賓作者此注誤 西上而立不前相禮也相禮不者聘之介是與岳本無也相禮不四字此注衍以酒禮之者謂齊酒和之不同鬱耳岳本作以酒禮之酒謂齊酒也鬱下有鬯耳

其禮下於君二等 注是謂使卿聘之介數也岳本作是謂使卿之聘之數也

九州之外謂之蕃國 注以父死子立其君皆如子男也岳本無如字岳本無以字阮校記賈疏以下皆無校有者是此注固有之 所寶貴見經傳玉瑞者岳本無經字校國語稱外傳所舉白

狼白鹿載之此注經字衍

王之所以撫邦國諸侯者　注撫安也存也頫省岳本無下有猶字存頫省三字連屬成文此注也字衍

七歲屬象胥唐石經同今本作屬

協辭命唐石經同今本作恊誤　注七歲省而名其象胥

九歲省而名其瞽史岳本名作召此注名字誤　象胥譯

語官也岳本無語字　嗜欲不同岳本作者慾今本作嗜慾

周始有南越重譯而來獻是因名通言語之官屬象岳本無南字因下無名字屬字作為象下有胥六二字阮校記云疑當作是因名言語之官為象云通字胥字皆衍文校此注屬字誤通字不宜少勝於各本　亙謂胥象之有才智者各本無亙字校亙謂見上此注衍岳本作諝謂此誤倒胥亦當作胥

書名畫字也岳本作書之字也此注畫字脱皆有齎其法式行行至則齊等之也岳本有作謂不重行字此注有字誤行字衍書曰肆覲東后岳本肆作遂校遂字誤則詔相諸侯之禮唐石經同今本無詔字誤脱

殷相聘也注反而相聘也岳本反作及此注誤鄭司農云殷聘岳本云作説此注云字誤以春秋傳曰孟僖子如齊殷聘禮是也岳本無禮字阮校記云是當作禮則是字衍

小行人

為承而擯注承猶承相也岳本作猶丞也此注承字誤相字衍

大客則擯注使得親其言也岳本無其字校其字費解此注衍

達天下之六節注虎人龍自其國家也岳本家作象此注誤

都鄙者王公之子弟及卿大夫菜之吏也岳本無王字菜作采下有地字

此注脫

通之以為符節　岳本無為字此注衍

合六幣　注后用琮也　岳本后下有享字　則享琥璜　岳本享下有用字此注脫

大小各降其瑞一寸　各本作等惟惠校作寸與此注合

若國札喪　注槁作槀　岳本作槁為槀校槁字是此注稿字誤

槀[當]尚為槁　各本同阮校記云當作槁淺人別製槁字鄭注無此從牛之槁此注誤

哀國敗　岳本國作圍此注國字誤

凡此五物者　唐石經及各本同

此二行前後誤寫

司儀　擯相之禮　注以詔者禮告王也[王]　岳本作以禮告

為壇三成　注謂壝以為牆處　岳本壝下有土字此注脫

丘一成為頓丘　岳本頓作敦　三成為崑崙丘　今本作昆侖

獨君思仁　岳本君作居此注居[君]字誤　天子請[信]其言[仁]以為

異姓請妻之也 岳本無言字請作謂　天揖揖手小舉之岳本下揖字作推此注誤

及其擯之　注謂執玉而見前於王也 岳本見前二字倒此注誤

主國五積　注玄謂旅如鴻臚之臚臚陳也 岳本謂如作讀為按鄭有讀為讀如當為三例則此注當作讀為謂如字誤陳下當有之字此注脫

主君郊勞　注車逆主人以車迎賓擯於館也 岳本無擯字按擯字不當有此注衍

車逆拜辱 各本逆作迎按此引經句不當改迎惟此注不誤

致□亦如之 館字石泐

致飧如致積□禮 飧唐石經同各本作飧易與唐人所作餐字混此經固不誤注同 之字石泐

注飧夕食也 各本脫夕字按朝曰饔夕曰飧此注獨未脫

交擯□辭 三字石泐

三揖三□三讓字石泐　注賓上車進道主人乃答其拜各本
無道字　三進三進隨賓賓三揖三辭岳本無上三字揖作還
至而三讓讓三入門也岳本無下三字　賓為擯各本賓下有當
字此注脫　擯各本作儐阮校記鄭君說禮擯為導儐為禮賓分別與許不同此注固不誤下同
賓亦一還辭也岳本作一還一辭此注脫
還圭　注唯饗食速賓耳各本作惟　鄭司農云還圭還
歸其玉也各本無還也字此注衍
賓之拜禮　注賓之禮者各本之下有拜字此注脫　就
朝拜□□三禮譌此二字石泐　□□□□□又送至於郊五字石
泐
賓繼主君　注賓繼□□主君二字石泐　玄謂□□君

者繼主二字石泐　擯主君也各本作儐說見上此注不誤下同

還□致贈圭字石泐　謂玉帛皮帛馬也各本無下帛字此注衍阮校記

賈疏引注作謂玉帛乘馬也則此注皮字亦誤　□饌陳

之積者有字石泐

旅擯　授勞於庭各本授作受此注誤

致館如初之儀　注不擯其岳本其作耳此注誤

及將幣旅擯　注唯君相入今本唯作惟誤

及禮私面私獻　注以鄭司農云說私面岳本同阮校記曰云字不當有須刪

春秋傳曰楚公子棄疾見鄭伯以其良馬私面矣棄不避今本良作乘是後人据左傳改此注不誤

問君客再拜　注寡君命使臣于庭各本脫使字阮校記以為當補此注未脫

君館客　注君館客者客將就省之岳本將下有去字此注脫

從其爵而上下之　注上下猶豐殺也岳本豐作豊此注字作俗下節注同

謂賄束紡岳本賄下有用字此注脫

凡行人之儀之字旁注

行夫

馬使注作夷使司農謂之馬康成謂之夷玄謂夷發聲即馬發聲之誤

象胥

王之大事諸侯　注王之大事諸侯執其大事次事卿執

其次事岳本諸侯下有使諸侯三字卿下有使卿二字

掌客

王合諸侯　注諸侯長子九命作伯者也岳本無子字此[illegible]

王巡守殷國　注王所過之君也岳本作國君此注脫
牲三十有六唐石經三十作卅二十作廿此經仍作三十二十
車秉有五藪今本秉作乘誤
壺四十有四各本均作二十有四上公四十侯伯三十有二子男之殺可知應作二十有四此經四字誤
注其米實實于筐豆實實于罋岳本上句不重實字
牽陳于門西東面米禾芻薪陳于門外岳本牽作牢米上有車字按牢即牽
疏亦未解車字或東字之誤亦軼去面字　簋稻粱器也
公十岳本簋作簠此注簋字誤今本粱作梁誤岳本下有簠堂上六西夾東夾各二也侯伯八簠堂上四西夾
東夾各二此注脫二十六字　男六簠堂上二也東夾西
夾各二也岳本無二也字　推其衰差□□□□二公鍘四十四字
石泐　倍鼎三各本作陪此注誤　腥謂為腥鼎也岳本為作

謂　於侯伯云二十有七其故字也岳本於作腥二十有七其故腥字也此注

脫兩腥字　陳於西門岳本作門西　載米之車自此止

次行又存曰籔十籔曰秉六字

蜀石經校記

春秋經傳集解襄二第十五 標題與唐石經同岳本襄下增公字

杜氏 盡十五年

經十年

偪陽 注今彭城傳陽縣也 岳本同今本作傳誤

齊世子光 世避唐諱注同

戍鄭虎牢 虎不避

傳十年

弃社稷也 弃避唐諱今本作棄

晋荀偃士匄 匄唐石經同岳本作匃下同不別出

弗勝為笑 笑今本作笑

郰人紇抉之郰論語作鄹省文从取說文从邑取聲

有力如虎虎不避

及堞而絕之堞避唐諱今本作堞

隊則又縣之隊唐石經作墜

右拔戟戟今本作戟

以與向戌戌唐石經同今本作戍誤

桑林享君　注言俱天子樂也俱岳本同今本作具

舞師　注師帥也今本作師樂師也

生秦丕茲　注言二父以力相尚二宋本作董父

鄭皇耳　注皇戌子戌今本作戍

楚子囊鄭子耳侵我西鄙侵今本作伐

齊崔杼使大子光先至于師　注大子宜賓之以上卿子今本作夫

己酉師于牛首于唐石經同宋本作於

黜其車　注黜減損減今本作減損今本作損

爾車非禮也唐石經車下旁增多字阮校勘記以為旁增字為後人所加蜀石經全本開成亦無多字更可為阮添一確證

皆喪田焉　注田畔溝也溝今本作溝

因公子之徒　注公子熙之黨熙字本作嬰嬰字見釋文

尸而追盜　注先臨尸而逐賊逐賊今本作追盜陳樹華據宋本以逐賊為是此經不誤

子矯曰唐石經缺此字今本同阮校勘記顧炎武云蟜誤

此經正作嬌可見唐石亦作嬌字矣

宵涉潁 宵唐石經同今本作霄按張猛龍碑霄作宵小异因霄為宵截然兩字矣

又不能庇鄭 庇今本作庀

今伐其師 顧炎武云石經今作令阮校記云石經此處刓缺所據乃謬刻此經固不誤

為諸侯笑 笑今本作笑

騂旄之盟 注使世其職 世避唐諱今本作使世守其職惟此經與淳熙本同猶國語云昔我先世后稷同意阮校記謂脫守字誤

則何謂正矣 何唐石經缺阮校記疑為可引陳樹華云古文可為何之省文按古文語急可謂猶言何可謂也今此經正作何知開成亦作何字無須别解

所左亦左之 上左字唐石經缺今此經作左知開成亦作左淳熙本作右誤

經十一年

齊世子光世避唐諱下文及注亦同不别出

已未同盟于亳城北已唐石經同今本作巳

傳十一年

作三軍　注上下二軍皆屬於公公今本作上　季氏欲

專其民民避唐諱下文及注亦同不别出

無征　注入季氏者無公征無今本作无

不入者倍征　注欲駈使入己駈岳本作驅按駈俗字古文作毆

右□□□瑣還次于石泐　注滎陽宛陵縣西有瑣候亭

滎字宋本同今本作熒候今本作侯

名山名川唐石經初刻作大川改刻名

墜命亡氏墜唐石經同今本作隊

大宰石㚟㚟今本作㚟下同不別出

樂旨君子旨唐石經同今本作只

經十二年

春王三月三今本作二月

傳十二年

師于揚梁揚唐石經同今本作楊下文同

妾婦之子　注言非適也今本適下衍世字

王使陰里結之結唐石經同今本作逆

禮也　注故禮之淳熙本同今本作故曰禮岳本無之字

經十三年

傳十三年

書勞于廟　注凡例釋例諱之〔諱避蜀諱〕

魏絳佐之　注新軍佐□□□代士魴〔超一等　三字石泐〕

欒黶爲汏〔汏唐石經同今本作汰〕

廿之治也〔廿避唐諱然止避世字民字治字不避〕

不弔昊天　注則致罪也〔罪陸粲附注云罪當作亂〕

而歲習其祥祥習則行〔祥避蜀諱〕　注五年五卜〔今本下五字据岳本補此注未缺〕

卜征五年　注謂巡狩征行〔狩今本作守下文及注同〕

不習則增脩而改卜〔唐石經脩字下增其字此經無阮謂後人增是也〕

注不習謂卜不吉〔今本習字据各本補此注未缺〕

楚實不競　注不能脩德與晉競〔今本不字與字据各本……〕

四

未缺誤

經十四年

衛侯出奔齊　注故諸失國者經皆不書逐之賊也　今本諸下有侯字經字各本皆脫此本亦僅存匡廓然實有一字地位

傳十四年

以其通楚使也　注故比年伐魯　比宋本作此此注未誤

姜戎氏　注四嶽之後皆姜姓　姜姓今本作姓姜

蒙荊𣗥　應作棘下同此作𣗥誤

子叔齊子　注齊子叔老字也　顧炎武云齊子叔老謚也字蓋傳寫之誤然此注已作字矣

弃其室　弃避唐諱

夏諸侯之大□□□□伐秦夫從晉侯四字石泐

匏有苦葉葉避唐諱

左史　注左史晉太史今本作晉大夫

吾師也　注故曰吾師當作帥師字誤

吾令實過令唐石經同今本作今

士鞅反反唐石經同〔作及〕沈〔阮〕校記以為王堯惠刻此經作反知唐亦作反矣

愛其甘棠　注召公奭聽訟舍於甘棠之下今本無舍字

使子行於孫子唐石經子行二字改刊此行只九字初刻尚有一字山井鼎云足利本後人記云異本有請字然則石經刊去字即請字也按此經無請字是唐時校勘諸臣所刊改

敗公徒于阿澤阿唐石經同今本作河

射為禮乎唐石經為字改刊釋文云或一讀射而禮乎疑[illegible]

五

刊改

重恤之　注謂愍其不違也愍避唐諱

余狐裘而羔袖唐石經余下旁增猶字攷此經亦無猶字其為後人妄增無疑

唁衛侯衛侯與之言唐石經同今本不重衛侯二字

神之主而民之望也唐石經同今本而作也

以補察其政察避蜀諱

庶人謗　注聞君過得誹謗得今本作則陳樹華云正義聞君過失不得諫諍得在外

誹謗之文是作則者非也

道人以木鐸　注道人行人之官也行人岳本同今本作令

賜齊侯命　注將昏於齊故也昏避唐諱

范宣子假羽毛毛唐石經同阮校記以為當作毛旄

經十五年

傳十五年

宮廄尹廄今本作廐

遂不克會　注為明年會湨梁傳湨岳本同今本作溴

獻玉曰今本玉下有者字此經脫

春秋卷第十五

經七千九十三字

注五千二十四字

今本無

蜀石經校記

穀梁傳襄公

肎䏍ナ 第一行

晉侯宋公衛侯鄭伯曹伯 第二行 下泐

非大而足用與 今本作焉

蜀石經穀梁傳卷九所存十九行前有不完字小字四大字六與今本對校只字异同後有廿四二字則記石之次第

蜀石經校記

周禮

冬官考工記下

四寸者方以奇行 岳本作四寸者方以尊接畢此注奇字

瓚讀為如饔餍之脣龍瓚脣將皆雜色也 岳本如作為下脣作瓚阮校記以為

字為行据此注則如字也

遂言見天子之摯也 岳本作用贄

以備失墜 岳本墜作隊

所以祀其神也 岳本祀作禮

終葵推也為推於其杼上 岳本推作椎

杼殺也 岳本殺作𣫔阮校記經作𣫔注當用殺字諸本皆作設閒盖殘所文惟也注未改

致日度日景至不也 岳本無第二日字校此字當有

夏日以下脫一葉

鼻寸衡四寸 唐石經同岳本鼻作鼻

横謂勻徑也 岳本横作衡

形如玉瓚 岳本玉作圭

以為稱錘以起度量也 岳本無度字此注衍

射其外鉏牙也 岳本鉏作徂誤

磬人 各本人作氏

而求其是弦 岳本無是字

股磬太上則摩鑢大者 岳本作股磬之上大者此注因上文而誤

矢人

司弓矢職曰第當爲殺岳本無曰字校疏曰字不當有此注衍漢讀考云當字衍文下
殺矢三分注同殺岳本作殺

殺矢七分殺岳本殺作殺

司弓矢職曰殺當爲第說見上

前弱則勉各本勉作俛

免作俛低也各本經作俛注脫免作二字惟此注有之

後弱則翔翔避蜀諱注同

欲栗欲其色如栗也岳本栗作㮚

旊人唐石經同今本作瓬

髻墾薜暴不入市岳本髻作髻薜作薜今本暴作㬥

墳起不堅緻也岳本緻作致

紘大也 岳本作紘謂聲音大也

顧長脰貌 岳本顧作頎下同 此注誤

樹膊其側 岳本樹作封

以擬度端其器也 岳本擬作儗 校說文擬度字從手 偕

儗字從人

瓦器高於此 岳本瓦作凡

精蛩屬也 岳本蛩作列

縈螈屬也 岳本螈作原

哨頃小也 岳本頃作頎 不重哨字

其聲清揚而遠聞則於磬宜 各本脫則字

匪來貌也 岳本來作采 此注來字誤

匪或作飛 岳本無或字

鄭司農云廢為匪以似為廢 岳本云字下作廢讀為撥飛讀為匪以似為發此注

脫誤

則必積爾如委矣苟積爾如委 與唐石經改正本同

執君之器則平衡 岳本執君器齊衡

曾孫一
盧人二
戈柲三

梓人為侯　岳本侯作候
崇猶高也　岳本無猶字此注衍
讀若齊人揩公幹之幹　岳本揩作憎脫公字
皆為舌也　岳本為作謂
鄉躬射記曰　岳本射下有禮字下張獸侯條亦無禮字
下介五丈四寸也　岳本寸作尺此注寸字誤
其制身矣夾中个矣身　岳本作身夾中介个夾身此注上矣字衍下矣字夾字之誤
縜籠綱者讀為竹中皮之縜也　岳本者下有縜字桉縜字
若與羣臣飲酒而射也　岳本酒下多閑暇二字阮校記云閑暇二字當有此注脫
惑猶有也　岳本無猶字
盧人曾孫諸侯子孫各本脫子孫二字　系疏語誤入此注本無也
戈戈柲六尺有六寸　岳本柲作秘
車戟常　岳本戟作戟

不徒止爾爾也 岳本作不徒止耳

綃讀為悄若井悄 岳本作讀為悄色之悄今本色作色据疏當作悄色此注因下文而誤

椑讀為鼓鼙之鼙 岳本脫之鼙二字

讀若井中蟲蛸之蛸 岳本讀作謂

則椑墮圜也摶圜之也 岳本墮作隨今本作隋下亦無之字

齊人謂柯斧柄為椑 漢讀考云今本衍斧柄二字蓋或箋於旁因誤入也此注已有之則誤在宋以前

改句言擊 岳本擊作毄

容殳也殳無刃 岳本無殳也二字

同强强弱上下同也 岳本無强弱二字

校謂讀為絞而婉之之絞 岳本無讀謂字亦無第二之字校之字當有

侵之能侵敵也 岳本脫下侵字

凡矝八觚下同岳本作矜

酋交上鐏也岳本酋作首此注誤

矛夷如酋矛也此注夷矛誤倒

亦猶柱也岳本亦作灸此注誤

匠人

置槷以縣岳本作槸誤

槷當弋岳本當下有為字此注脫

弋讀曰杙岳本作讀為

杙謂槷岳本杙作亥此注誤

其端則東西正之也岳本則作在

天子十二門通十二字岳本字作子

是為轍廣也今本為作謂

四

牲用白牲岳本牲作牝誤

若今四注也岳本作四注屋阮校記以注為是此注固不誤

重室複笮也岳本室作屋此注誤岳本複作復

謂此一尺之堂輿岳本輿作歟此注誤

謂四辟之内岳本辟作壁誤

乘車廣六尺六寸長二尺三寸个六尺六寸五个三丈

三尺也岳本脱長二至六寸十字

治六宫之職屬矣岳本無職矣二字

謂有浮思也岳本有作角此注有字誤

廣長以長度高以高度廣岳本作度高以高度廣以廣

古者耜一金人兩人併發之岳本金下無人字此注衍

其壟中曰畖 岳本曰作田

田有一夫之所佃也 岳本無有字也字百畝屬佃字下

百畝方步地 岳本方下有百字此注脫

遂上土赤亦有徑也 岳本脫土赤二字

此畿內菜地之制也 岳本菜作采此注作菜下同阮吳跋以菜爲是前見秋官亦作菜

一井之中三屋九夫也三三相具以出賦稅 岳本無也字句讀不同

殷人七十而莇 合本莇作助下同

文公又聞井田地 岳本地作田

井諸野九一而莇 岳本井諸作請

方里而井九百畝 岳本重井字

又詩曰岳本作又曰詩云

雖周亦有觔也岳本無有字

年飢飢岳本飢作饑此注誤税民無蓺岳本蓺作藝

野九夫之田而税一岳本脫之田二字

國中什一為是也岳本脫為也二字是字斷句

圭之言佳也岳本作珪潔也

周謂之土田岳本土作士據疏當作士此注土字誤

通壅塞各本有其字行

猶脉理也岳本猶作謂

字

梢讀為桑蠾蛸之蛸蛸謂水漱齧之溝也岳本重一蛸字齧下有之

奠讀為渟岳本渟作停下同

里讀當爲已岳本無當字

汲橈築之岳本汲作版

郤一分以爲殺也岳本殺作閷

猶郤也岳本郤作卻阮校記以爲當作卻此注郤字誤

若今令辟祴也岳本辟祴作甓祴校疏作辟是賈逵所見作辟也此注不誤

蜀石經校記

公羊

桓公六年

來不日不書葬者 今本日作月此注與鄂本同月字誤

桒弧蓬矢 今本桒作桑

七年

辟實國也 今本實作寔阮校記識其誤此注與鄂本同

八年

國以別死生 今本國作因

薦尚麥魚麥始熟可礿 今本魚作苗又脫下麥字阮校記云苗字誤當定從魚宋本亦有下麥字此注與穀梁疏引同

殷人先求諸明 殷避宋諱

天子之牲角握 今本握作捲阮校記云當作握此注與穀梁疏引同

黷則不敬 敬避宋諱

敬而不黷 敬避宋諱注同

牆屋既繕 今祭義繕作設

勿勿乎其欲饗之也 今祭義其欲作欲其

然後卒大夫也 今本後作后

九年

卒葬詳錄 詳不避蜀諱

十年

春秋敬老重恩 敬避宋諱

傳言公不見要者今本見要作要見

當勠力拒之今本勠作戮誤

十有一年

鄭相也唐石經作鄭之相也

猶愈於國之亡今本猶作稱此注與疏同稱字誤

後有安天下之功今本後作后此注與鄂本同后字誤

晉鄭立篡今本立作之此注與鄂本同之字誤

當言鄭突今本常當作常此注與鄂本同常字誤

外未能結助諸侯今本助作款此注與鄂本同

則與春秋改伯從子辭同今本春秋作諸侯此注與鄂本同作諸侯誤

故後王起今本後作后誤

蔡稱叔者今本蔡下[illegible]侯字此注與鄂本同疏標起訖亦作蔡稱叔字衍

十有二年

公會宋公于龜毛本龜作龜

十有三年

其恃外奈何今本奈作柰

必出萬死而不奔北今本北作此此注與鄂本同此字誤

明見伐者為主今本伐作我阮校記以者字為衍此注已有之

十有四年

東田千畝今本作畒校勘記作畆毛本作畂

十有五年

小國例時今本時下有也字此注與疏標起訖同也字衍

蜀石經殘本跋

蜀石經周禮卷九卷十兩卷一缺首一缺尾缺均無多左傳卷十六〔五〕襄二全卷穀梁卷十六〔九〕六十九行光緒丙子在楊幼雲處見之屬為校異因循未果後歸張叔憲李亦元今歸吾友劉健之海內孤本也蜀石留于世者有〔黃松石之〕毛詩周南召南邶風〔程芳林之〕左傳昭二十年六百餘言〔趙晉齋之周禮夏官三十六行〕陳頌南臧周禮考工記六千餘言公羊五千餘言今之三冊字數最多宣統辛亥與健之同竄海濱借歸以唐石經校經字岳本校注字疏其異同於別紙兩通及〔字〕加減虛字之無關宏旨者悉不著錄得周禮十九葉〔紙〕左傳六葉〔紙〕穀梁一葉〔紙〕五十日方畢去丙子三十六〔年〕荃孫年亦六旬又九矣心眼俱退未能多方

疏證抱媿良多惟殘冬亂世藉讀書為消遣昔錢辛楣先生得見毛詩左傳以為衰年眼福荃孫今亦云然前人云蜀刻出于大和與開成同源惟經注全刻止廣政本有之俾後人獲見雕版前舊式豈非幸事諸跋以邵武楊瑤臣考其（為最訂）源流甚詳蜀石於宋末與文翁石室同燬元明金石家無言之者所傳合州賓館有禮記數石曾訪碑于合州得唐宋刻數十種無此石貴州任大令載歸數十片之說皆不足據也今毛詩摹本流傳甚（已）少夫長興開版本之學貞明啓彙帖之風梁末帝刻貞明帖在保大前是真帖祖轉在大亂之時以存先聖之道重勸廣傳嘉惠後學是所望於健之矣江陰繆荃孫跋

左傳世㠯昏慜弃棄均缺筆他廟諱則不避世之治也

一避一不避可證周禮世字民字均不避棄仍作弃諜仍作諜是習尚使然不足為避諱之證淵字似缺非缺知祥袓字作袓詳翊同不避知字知祥祖諱察左傳作䆛周禮作䆛毛詩作䆟父諱歐史名道蜀檮杌則云名巚今本道字獻字皆不缺筆

又跋

壬子正月陳頌南臧周禮考工記公羊桓公二冊亦為健之收得荃孫再假以續考得周禮六紙公羊二紙次校記之後各跋以青陽吳子肅履敬子迪式訓兩跋為最略舉异同之字不為空言是漢學家法周禮避蜀諱公羊避宋諱力駁前人避唐諱之說所見與荃孫同經字與唐石經無

甚異同至各注則異同甚多有阮氏校勘記以為當據某
書改某字而此注本不誤者有校勘記所未及者獲益良
多至書人譌脫周禮獨多於他經其孫朋吉之疏歟又如
鄭注引及陸機草木疏哲蕤氏猶可附會引及郭璞注翦氏則
誤顯然也矣吳跋云以為仍其舊文不敢損益未免意存迴護
不如直指其過俾知瑕不掩瑜程克齋譏春秋以甲午為
申午以癸卯為癸卯全謝山云其書既多自不能無舛錯
要之有足資考證者斯為持平之論宋晁公武有石經考異
張㚞有石經注文考異有目無書無從考核矣荃孫再跋

曹叔彥太史函云承詢周禮哲族氏覆天鳥之巢鄭注若鵶鷺下蜀石經有賈誼所賦陸璣云大如斑鳩綠色十三字繆藝風以為陸元恪早年所著書鄭君見而引之竊謂鄭君注禮在黨錮時箋詩在黨禁解後詩箋宗毛為主與禮注說詩多異鄭答弟子謂記注已行不復改之則詩箋之作去注禮時必已多年元恪詩草木疏叙毛詩源流直至鄭箋則陸疏之作又在鄭君詩箋已盛行之後甚明鄭注禮時元恪年必尚幼詩疏必尚未屬稿以為鄭引陸說者非也且經云天鳥鄭略舉鵶鷺以指實之足矣無庸更徵賈賦并詳其形色以自釋己語此十三字當係讀經者摘引詩陸疏綴於鄭注之末又顛倒其文以賈誼所

賦一語置陸璣云之前如今人讀注疏者或隨意掇拾他說寫書眉行間耳孟蜀刊石經時偶未審詳遂以入注此等小誤舊刻往往而有不足為病鄙見如此仍乞審正自五代以前書皆傳寫無板本語句多寡文字異同小小出入勢不能免觀元朗釋文沖遠正義所載各本可見自孟蜀刊石鋟木並行宋代繼之經史始免鈔寫之勞少混淆之弊繼往開來厥功甚鉅千載後得見吉光片羽無論精處為後來各本所不能及即誤處亦考古者所當知也丁卯十月二十六日劉體乾錄